VOLTA AO MUNDO EM 72 DIAS

Volta ao mundo em 72 dias

NELLIE BLY

MEIA AZUL

Bas-bleu ("meias azuis", em tradução livre): antiga expressão pejorativa para desdenhar de mulheres escritoras que ousassem expressar suas ideias e contar suas histórias em um ambiente dominado pelos homens. Com a ***Coleção Meia-azul***, voltada para narrativas de mulheres, a Ímã Editorial quer reconhecer e ampliar a voz dessas desbravadoras.

9 *A proposta de "colocar um cinto ao redor do mundo"*
19 *A partida*
33 *De Southampton para a casa de Júlio Verne*
45 *Na casa de Júlio Verne*
57 *Seguindo para Brindisi*
73 *Uma herdeira americana*
85 *Dois lindos olhos negros*
101 *De Áden a Colombo*
113 *Cinco dias de atraso*
139 *Nos mares dos piratas*
159 *Contra a monção*
171 *China britânica*
191 *Natal em Cantão*
211 *Para a terra do Mikado*
215 *Cento e vinte horas no Japão*
233 *Travessia do Pacífico*
241 *Cruzando o continente*
251 *O recorde*
257 *Conclusão*

259 O mundo no qual Nellie Bly deu a volta
271 A autora

CAPÍTULO I
A proposta de "colocar um cinto ao redor do mundo"[1]

Como surgiu a ideia?

É um tanto difícil dizer exatamente o que fez nascer essa ideia. Ideias são o carro-chefe nos negócios jornalísticos, e em geral são o artigo mais escasso do mercado, mas elas vêm ocasionalmente.

Essa me veio num domingo. Eu tinha perdido boa parte do dia e metade da noite em vão tentando encontrar alguma ideia para um artigo de jornal. Eu tinha o costume de pensar em ideias no domingo e apresentá-las ao meu editor para serem aprovadas ou reprovadas na segunda-feira. Mas elas não vinham, e às três da manhã eu estava revirando na cama, com a cabeça doendo. Por fim, cansada e provocada pela minha lentidão em encontrar um assunto, algo para o trabalho da semana, pensei, irritada: Queria estar do outro lado da Terra.

---

[1] *Referência a* Sonho de uma noite de verão, *de Shakespeare, quando o personagem Puck diz:* "I'll put a girdle round about the Earth In forty minutes!"

E por que não? O pensamento veio: Preciso de umas férias; por que não uma viagem ao redor do mundo?

É fácil ver como um pensamento levou a outro. A ideia de uma viagem ao redor do mundo me agradou, e acrescentei: Se eu conseguisse ser tão rápida quanto Phileas Fogg,[2] eu iria.

Então me perguntei se seria possível fazer a viagem em oitenta dias e fui dormir facilmente com a determinação de descobrir, antes de voltar à cama na noite seguinte, se o recorde de Phileas Fogg poderia ser quebrado.

Pela manhã, fui ao escritório de uma empresa de navegação e selecionei alguns livros de horários. Ansiosamente, sentei-me e examinei-os. Se tivesse encontrado o elixir da vida, não me sentiria melhor do que quando constatei que uma excursão pelo mundo poderia ser feita em menos de oitenta dias.

Abordei timidamente meu editor para tocar no assunto. Tinha medo de que ele achasse a ideia muito radical e visionária.

— Tem alguma ideia? — perguntou, assim que me sentei próxima à mesa dele.

— Tenho uma — respondi prontamente.

Ele tamborilava com as canetas, esperando que eu continuasse, então eu soltei:

— Quero viajar ao redor do mundo!

— Como? — ele disse, olhando para cima com um leve sorriso em seus olhos gentis.

---

2   *Protagonista de* A volta ao mundo em 80 dias, *de Júlio Verne.*

— Quero dar a volta ao mundo em oitenta dias ou menos. Acho que posso bater o recorde de Phileas Fogg. Posso tentar?

Para minha consternação, ele disse que na redação já haviam pensado nessa mesma ideia e que a intenção era enviar um homem. No entanto ele me consolou dizendo que seria a favor de ser eu a ir, e depois fomos conversar com o gerente de negócios sobre isso.

— É impossível — foi o terrível veredicto. — Em primeiro lugar, você é uma mulher e precisaria de um homem que a protegesse, e mesmo que fosse possível viajar sozinha, seria necessário carregar tanta bagagem que isso a impediria de fazer mudanças rápidas. Além disso, você não sabe falar outra língua a não ser inglês, então nem adianta discutir; para fazer isso é preciso ser homem.

— Muito bem — eu disse com raiva —, mande seu homem e eu vou começar no mesmo dia por outro jornal, e vou vencê-lo.

— E eu acredito que você o venceria... — ele disse reticente.

Não diria que isso teve alguma influência na decisão deles, mas sei que antes de nos separarmos fiquei feliz com a promessa de que, se alguma pessoa fosse escolhida para fazer a viagem, essa pessoa seria eu.

Depois que fiz meus preparativos, surgiram outros projetos importantes para ir atrás de notícias, e essa ideia bastante visionária foi deixada de lado por um tempo.

Numa tarde fria e chuvosa, um ano após essa conversa, recebi um bilhete sucinto me pedindo para ir imediatamente à redação. Uma convocação ao final da tarde era uma coisa tão incomum para mim que passei quase todo o trajeto para o escritório me perguntando que motivos haveria para me darem uma bronca.

Entrei e sentei-me ao lado do editor esperando que falasse. Ele desviou os olhos do papel sobre o qual escrevia e perguntou candidamente:

— Você poderia dar a volta ao mundo depois de amanhã?

— Posso começar neste minuto — respondi, tentando conter as batidas do coração.

— Pensamos que você poderia embarcar no vapor City of Paris amanhã de manhã, para lhe dar tempo suficiente de pegar o comboio postal que sai de Londres. Pode ser que o Augusta Victoria, que zarpa na manhã seguinte, se atrase por conta do tempo ruim, o que atrapalharia sua conexão com o trem dos correios.

— Vou arriscar tomar o Augusta Victoria para não acrescentar um dia ao tempo total da viagem — eu disse.

Na manhã seguinte, fui até Ghormley, o costureiro da moda, para encomendar um vestido. Já passava das onze quando cheguei lá e levei poucos minutos para dizer-lhe o que eu queria.

Sempre tenho a impressão de que nada é impossível se aplicarmos determinada quantidade de energia na direção certa. Quando quero que as coisas sejam feitas, o que é sempre no último momento, recebo uma resposta: "É tarde demais. Acho que não pode ser feito"; a isso simplesmente respondo: "Bobagem! Se você quer, você pode. A pergunta é: você quer?".

Nunca conheci homem ou mulher a quem essa resposta não tenha animado a dar o máximo de si.

Se quisermos que os outros façam um bom trabalho ou desejamos realizar alguma coisa nós mesmos, de nada adianta ficar em dúvida sobre o resultado da empreitada.

Assim, fui ter com Ghormley e disse-lhe:

— Quero um vestido para esta noite.

— Muito bem — ele respondeu tão despreocupadamente como se fosse uma coisa cotidiana para uma jovem mulher pedir um vestido com poucas horas de antecedência.

— Quero um vestido que aguente uso constante por três meses — acrescentei, e depois deixei a responsabilidade recair sobre ele.

Trazendo vários materiais diferentes, ele os jogou em dobras artísticas sobre uma pequena mesa, estudando o efeito em um espelho diante de si.

Não ficou nervoso nem afobado. Durante todo o tempo em que testava os diferentes efeitos dos materiais, mantinha uma conversa animada e bem-humorada. Em poucos minutos, selecionou um tecido azul liso e outro, um xadrez discreto em lã de camelo como a combinação mais durável e adequada para um vestido de viagem.

Antes de sair, por volta de uma da tarde, fiz minha primeira prova. Quando voltei para a segunda, às cinco, o vestido estava concluído. Considerei essa presteza e rapidez um bom presságio e bem de acordo com o projeto.

Depois de deixar Ghormley, fui a uma loja e encomendei um casaco de inverno. Em seguida, indo a outro costureiro, pedi um vestido mais leve para levar comigo e usar nas terras onde encontrasse o verão.

Comprei uma maleta com a determinação de limitar minha bagagem àquele volume.

Naquela noite, não havia nada a fazer além de escrever para meus poucos amigos algumas linhas de despedida e arrumar a mala de mão.

Arrumar a maleta foi a tarefa mais difícil da minha vida; havia tanto para entrar em tão pouco espaço!

Finalmente, consegui colocar tudo, com exceção do vestido extra. A questão se resolveu por si mesma: ou levaria uma bagagem extra ou daria a volta ao mundo usando um único vestido. Eu sempre odiei bagagens, então abri mão do vestido, mas fui buscar o corpete de seda do verão passado e, após um aperto considerável, consegui enfiá-lo na mala de mão.

Não sou lá muito supersticiosa, mas meu editor disse um dia antes que a viagem havia sido decidida após um sonho de mau agouro que ele teve. Parece que, no tal sonho, eu disse a ele que participaria de uma corrida. Duvidando de minha habilidade como corredora, ele virou as costas para não testemunhar o fim da competição. Ouviu a banda tocar, como acontece em tais ocasiões, bem como os aplausos que saudaram o final. Então eu ia ter com ele com os olhos cheios de lágrimas e dizia: "perdi a corrida...".

— Posso interpretar esse sonho — eu disse, quando ele terminou. — Vou começar a procurar notícias e outra pessoa vai me deixar para trás.

No dia seguinte, quando me disseram que eu iria dar a volta ao mundo, fui tomada por um temor profético. Temia que outro jornal vencesse a corrida e que eu não conseguiria fazer a volta em oitenta dias ou menos. Minha saúde também não estava lá tão boa quando me deram a notícia de que viajaria pelo mundo no menor tempo possível naquela época do ano.

Por quase um ano sofri diariamente com dores de cabeça, e justamente na semana anterior à notícia, eu havia consultado vários médicos eminentes, temendo que minha saúde estivesse ficando prejudicada em razão do meu afinco constante ao trabalho. Eu trabalhava nos jornais há quase três anos, período em que não desfrutei um dia sequer de férias. Não é de estranhar que eu encarava esta viagem como um repouso muito agradável e necessário. Na noite anterior à partida, fui ao escritório e recebi duzentas libras em ouro e notas do Banco da Inglaterra. O ouro carreguei no bolso. As notas foram guardadas numa bolsa de *chamois* que amarrei em volta do pescoço. Além disso, peguei um pouco de ouro e algumas cédulas americanas para usar em diferentes portos, como um teste para ver se o dinheiro americano era conhecido fora dos Estados Unidos.

No fundo da mala de mão estava um passaporte especial, número 247, assinado por James G. Blaine, Secretário de Estado. Alguém sugeriu que um revólver seria um bom companheiro para o passaporte, mas eu tinha uma crença tão forte no acolhimento que receberia do mundo quando eu mesma o acolhesse, que recusei a arma. Sabia que se minha conduta fosse adequada, sempre encontraria homens dispostos a me proteger, fossem americanos, ingleses, franceses, alemães ou de qualquer outra nacionalidade.

Era possível comprar passagens em Nova York para todo o itinerário, mas achei que poderia ter que mudar de rota em algum ponto, portanto o único transporte que providenciei antes de deixar Nova York foi a passagem para Londres.

Quando voltei à redação para me despedir, descobri que não fora planejado nenhum itinerário de viagem e havia dúvidas sobre se o trem dos correios, que eu esperava me levar a Brindisi, na Itália, partia de Londres toda sexta-feira à noite. Tampouco tinham certeza se a semana em que estava prevista minha chegada a Londres coincidiria com a da partida do navio à Índia ou à China. De fato, quando cheguei a Brindisi e me dei conta de que o navio estava indo para a Austrália, fui a garota mais surpresa do mundo.

Fui com um funcionário do jornal ao escritório de uma empresa de navios a vapor para tentar fazer um cronograma e ajudá-los a organizar da melhor forma possível nesse lado do oceano. Veríamos mais tarde o quanto foi preciso alterar e corrigir.

Muitas vezes me perguntam, desde que voltei, quantas mudas de roupa levei em minha solitária mala de mão. Alguns pensaram que eu havia levado apenas uma; outros que eu carregava seda, que ocupa pouco espaço; e outros perguntaram se eu comprei o que precisava nos diferentes portos. Nunca se conhece a capacidade de uma maleta de mão comum até que a necessidade absoluta a obrigue ao exercício de toda a sua engenhosidade para reduzir tudo ao menor volume possível. Na minha, pude levar duas boinas de viagem, três lenços, um par de chinelos, conjunto de higiene, tinteiro, canetas, lápis e papel, alfinetes, agulhas e fios, um roupão, uma jaqueta, uma garrafinha com copo, várias trocas completas de roupas íntimas, um vasto suprimento de lenços e o mais volumoso e intransigente de todos, um pote de creme frio para impedir que meu rosto rachasse nos diversos climas que iria encontrar.

O pote de creme frio era a perdição da minha existência. Parecia tomar mais espaço na bolsa que qualquer outra coisa e estava sempre numa posição que me impedia de fechar a bagagem. Sob o braço, carreguei um impermeável de seda, a única coisa que levei para dias chuvosos. A experiência iria me mostrar que não sofri de falta de bagagem, mas de excesso. Em todos os portos em que parei, poderia ter comprado alguma roupa pronta, exceto talvez em Áden, mas como não visitei as lojas de lá, não tenho conhecimento para falar.

A questão de lavar a roupa durante a viagem foi o que me preocupou bastante antes de começar. Eu me preparei com a teoria de que apenas uma ou duas vezes em minha jornada seria capaz de conseguir os serviços de uma lavanderia. Também sabia que nas ferrovias seria impossível, mas as viagens ferroviárias mais longas seriam os dois dias entre Londres e Brindisi e os quatro dias entre São Francisco e Nova York. Nos navios a vapor do Atlântico, não há lavanderias. Nos navios da companhia Peninsular e Oriental — que todos chamam de Navios P. & O. — entre Brindisi e China, o contramestre faz todos os dias uma lavagem que surpreenderia a maior lavanderia dos Estados Unidos. Mesmo que não haja esse serviço nos navios, em todos os portos em que atracamos, há uma profusão de profissionais esperando para mostrar o que os orientais podem fazer na linha de lavagem. Seis horas é tempo suficiente para que eles realizem seus trabalhos, e quando prometem algo em determinado prazo, eles cumprem ao minuto. Provavelmente, é porque essas roupas não têm utilidade para ele, mas apreciam o dinheiro que recebem pelo trabalho. Seus preços, comparados com as lavagens de roupas em Nova York, são maravilhosamente baixos.

Isso foi tudo no que tange aos preparativos. Vê-se logo que, se alguém está viajando simplesmente por viajar e não com o propósito de impressionar outros companheiros de viagem, a questão da bagagem é das mais simples. Em uma única ocasião — em Hong Kong, onde fui convidada para um jantar oficial —, me arrependi de não ter um vestido formal comigo, mas perder esse jantar foi um incômodo ínfimo diante das responsabilidades e preocupações que evitei ao não ter de cuidar de baús e caixotes.

CAPÍTULO II
A partida

Na quinta-feira, 14 de novembro de 1889, às nove horas, quarenta minutos e trinta segundos, dei partida a minha volta pelo mundo.

Aqueles que, como eu, acham que a noite é a melhor parte do dia e que a manhã foi feita para dormir, sabem como é desconfortável quando por alguma razão têm que se levantar com... Bem, com o leiteiro.

Revirei-me várias vezes antes de decidir sair da cama. Eu me perguntava sonolenta por que minha cama parecia muito mais confortável e por que um cochilo que arriscava perder um embarque parecia muito mais doce que aquelas horas de sono sem compromissos. Prometi a mim mesma que, ao retornar, fingiria às vezes alguma urgência para me levantar, só para poder saborear o prazer de voltar a cochilar, livre de obrigações. Com esses pensamentos, tirei uma doce soneca, acordando com um sobressalto, me perguntando ansiosa se ainda havia tempo para pegar o navio.

Claro que eu queria ir, mas pensei preguiçosamente que algumas dessas pessoas que passam boa parte do tempo tentando inventar máquinas voadoras[3] poderiam devotar uma pequena porção da mesma energia para desenvolver um sistema no qual barcos e trens partissem só depois do meio-dia, o que traria grande alívio ao sofrimento da humanidade.

Esforcei-me para tomar o desjejum, mas estava muito cedo para ingerir comida. Enfim, veio o derradeiro momento em casa. Recebi beijos apressados dos entes queridos, e desci as escadas em uma corrida às cegas tentando vencer o nó apertado na garganta que ameaçava me trazer arrependimento pela jornada que estava diante de mim.

Não se preocupe, pensei, tentando me animar, já que não era capaz de pronunciar a horrível palavra "adeus". Pense apenas em desfrutar de umas férias e da maior diversão que já teve na vida.

Então, para me encorajar, pensei no caminho até o navio: é apenas uma questão de 45 mil quilômetros, 75 dias e quatro horas até estar de volta.

Uns poucos amigos, a quem contei sobre minha partida apressada, foram até o navio para me dizer adeus. A manhã estava linda e radiante, e tudo parecia muito agradável com o navio lá parado, mas quando lhes disseram para desembarcar, comecei a me dar conta do que aquilo significava para mim.

---

3 *À época, muitos tentavam fazer um veículo mais pesado que o ar alçar voo, mas só quinze anos depois, com Santos Dumont e os irmãos Wright, surgiram os aviões. Os primeiros voos transatlânticos comerciais foram feitos em dirigíveis infláveis (os* zepelins)*, a partir de 1910, e em aviões, a partir de 1939.*

"Continue firme", eles me disseram quando se despediam apertando minha mão. Eu via a umidade nos olhos deles e tentei sorrir para que suas últimas lembranças de mim fossem alegres.

No instante em que o apito soou e eles desceram para o píer, e eu me vi no Augusta Victoria, que estava lentamente afastando-se de tudo que eu conhecia e levando-me para terras e pessoas estranhas, me senti um tanto perdida. Minha cabeça ficou confusa e meu coração parecia que iria explodir. Seriam só 75 dias! Sim, mas soava como uma eternidade. O mundo perdia a forma redonda e eu sentia que percorreria uma longa distância... sem jamais voltar.

Fiquei olhando tanto quanto pude para as pessoas no píer. Não me sentia tão feliz quanto em outra época da vida. Senti uma saudade e uma vontade de dizer adeus a tudo. Parti, pensei tristemente, e será que retornarei?

Calor tórrido, frio gélido, tempestades terríveis, naufrágios, febres, todos esses tópicos "agradáveis" martelavam na minha cabeça até que eu me sentisse como presa em uma caverna nas trevas, com as pessoas me falando dos horrores que estavam por vir e me devorar.

A manhã estava linda e a baía nunca parecera tão encantadora. O navio singrava suave e silenciosamente, e as pessoas no convés procuravam cadeiras e esteiras para se acomodar em posições confortáveis, como se estivessem determinadas a se divertir enquanto pudessem, por não saberem quando seria a vez dos outros se divertirem à custa deles.

Quando o prático saiu, todos correram para o lado do navio para vê-lo descer na pequena escada de corda. Eu o observei de perto, mas ele desceu e entrou no barco a remo que estava esperando para levá-lo até o rebocador, sem nem olhar para trás. Para ele, aquilo já tinha ficado para trás, era rotina, mas não pude deixar de me perguntar se, caso o navio afundasse, ele não se arrependeria de não ter ao menos olhado para nós.

— Agora começou a viagem — alguém me disse. — Assim que o prático vai embora e o capitão assume o comando, então, e somente então, nossa viagem começa. Por isso só agora você está iniciando sua turnê ao redor do mundo.

Algo naquelas palavras voltou meus pensamentos para um famoso demônio do mar: o enjoo marítimo. Nunca tendo feito uma viagem marítima antes, eu não podia esperar nada além de uma luta animada com a doenças das ondas.

— Você fica enjoada? — perguntaram-me de maneira interessada e amigável.

Foi o que bastou: voei para a amurada do navio.

"Enjoada"? Olhei cegamente, importando-me pouco com o que as ondas selvagens estavam dizendo, e dei vazão aos meus sentimentos.

As pessoas são sempre insensíveis com o enjoo marítimo. Quando enxuguei as lágrimas dos olhos e me virei, vi sorrisos no rosto de cada passageiro. Percebi que eles estão sempre do mesmo lado do navio quando alguém é subitamente tomado, como que arrebatado, pelas próprias emoções.

Os sorrisos não me incomodaram, mas teve um homem que disse, debochando:

— E ela está indo dar a volta ao mundo!

Juntei-me às risadas que se seguiram. Em silêncio, contemplei minha ousadia nesta empreitada, sem estar acostumada, como era meu caso, a viagens marítimas. Ainda assim, não perdi um segundo pondo em dúvida meu objetivo.

Claro que fui ao jantar. Todo mundo foi, e quase todos às pressas. Juntei-me a eles, ou, quem sabe, fui a primeira a chegar. De qualquer modo, nunca vi tantas pessoas no refeitório ao mesmo tempo pelo resto da viagem.

Quando a refeição foi servida, entrei bravamente e tomei meu lugar à esquerda do capitão. Estava determinada a resistir aos impulsos, mas no fundo do coração, havia uma tênue sensação de ter encontrado algo ainda mais forte do que minha força de vontade.

O jantar começou muito agradável. Os garçons se movimentavam silenciosamente, a banda tocava uma *overture*, o capitão Albers, belo e cordial, tomou seu lugar na cabeceira, e os passageiros que estavam sentados à sua mesa começaram a jantar com um prazer só igualado aos ciclistas quando a estrada é boa. Eu era a única à mesa do capitão que poderia ser chamada de marinheira amadora. Estava amplamente consciente desse fato. E os outros também.

Poderia muito bem confessar que, quando a sopa foi servida, estava perdida em pensamentos angustiantes e preenchida por um medo doentio. Senti que tudo era tão agradável quanto um presente inesperado no Natal, e me esforcei para ouvir as observações entusiasmadas sobre a música feitas por meus companheiros de mesa, mas meus pensamentos estavam em um assunto que não suportaria discussão.

Senti frio, senti calor; senti que não teria fome nem que passasse sem comida por sete dias. De fato, tinha uma grande vontade de não ver comida, não sentir o cheiro de comida, nem de comê-la, até que pudesse alcançar terra ou que tivesse um melhor entendimento comigo mesma.

Foi servido peixe, e o capitão Albers estava no meio de uma boa história quando percebi que já não podia suportar.

— Com licença — sussurrei levemente, e então corri como uma louca, sem ver nada pela frente.

Fui até um local isolado, onde um pouco de reflexão e um pouco de emoção reprimida me restabeleceram a um estado de ânimo tal que decidi seguir o conselho do capitão e voltar ao meu jantar inacabado.

— A única maneira de melhorar o enjoo marítimo é forçar-se a comer — disse o capitão, e achei que o remédio era tolerável o suficiente para tentar.

Deram-me os parabéns por voltar. Tive um sentimento de vergonha de que iria me comportar mal mais uma vez, mas tentei esconder isso deles. Logo voltou a acontecer, e desapareci com a mesma rapidez que antes.

Em instantes estava de volta. Dessa vez, meus nervos pareciam um pouco instáveis e começava a perder a fé em minha determinação. Mal havia me sentado quando notei o olhar maroto do comissário, o que me fez enterrar o rosto no lenço e engasgar antes de atingir os limites do salão de jantar.

As exclamações de "bravo!", com as quais me receberam gentilmente no meu terceiro retorno à mesa, quase me fizeram perder o controle novamente. Fiquei feliz em saber que o jantar tinha acabado e tive a ousadia de dizer que ele tinha sido muito bom!

Fui para a cama logo depois. Ninguém tinha feito amizades ainda, então concluí que dormir seria mais agradável do que me sentar no auditório olhando outros passageiros envolvidos na mesma ocupação de "primeiro-dia-no-mar".

Deitei-me aproximadamente às sete da noite. Tenho uma vaga lembrança de ter levantado para beber algum chá, mas além disso e das reminiscências de pesadelos tortuosos, só sei que ouvi uma voz alegre e bem-disposta à porta, chamando por meu nome. Ao abrir os olhos, encontrei a comissária de bordo e uma passageira em minha cabine, e vi o capitão parado na porta.

— Estávamos receando que estivesse morta — disse o capitão quando me viu desperta.

— Sempre acordo no fim da manhã — disse, me desculpando.

— Manhã! — exclamou o capitão, com uma risada, que ecoou às demais — São quatro e meia da tarde!

— Mas não faz mal — acrescentou à guisa de consolo —, dormir faz bem. Agora, levante-se e veja se não consegue desfrutar um jantar inteiro.

Foi o que fiz. Encarei todos os pratos no jantar sem me esquivar e, o que é mais estranho, dormi naquela noite tão bem como se tivesse praticado exercícios leves ao ar livre.

O clima estava muito ruim, o mar estava agitado, mas gostei disso. O enjoo havia desaparecido, mas fiquei com uma sensação doentia e assustadora de que poderia voltar. Mesmo assim, consegui me manter relaxada.

Quase todos os passageiros evitaram o salão de jantar, tomaram suas refeições no convés e mantiveram posições reclinadas com uma tenacidade que parecia monótona. Uma garota inteligente e esperta, nascida nos Estados Unidos, estava viajando sozinha para a Alemanha, para a casa dos pais. Ela aderia com entusiasmo a toda atividade prazerosa, conversava bastante e sempre tinha algo a dizer. Acho que nunca havia conhecido alguém assim. Fosse em alemão ou inglês, ela conseguia conversar habilmente sobre qualquer assunto, de moda à política. O pai e o tio eram políticos conhecidos e, pelo que dizia, era fácil ver que ela era a filha predileta do pai, tão expansiva, brilhante e feminina. Não havia um homem a bordo que soubesse mais sobre política, arte, literatura ou música do que essa garota com cabelos amarelados, e ao mesmo tempo não havia ninguém mais disposto do que ela a disputar uma corrida pelo convés.

Acho perfeitamente natural para os viajantes o inocente prazer de estudar as peculiaridades dos seus companheiros. Não havia se passado muitos dias no mar e muitos de nós já sabiam um bocado uns dos outros. Não vou dizer que o conhecimento obtido dessa maneira é totalmente benéfico nem que todos os passageiros acharam uns aos outros interessantes ou dignos de comentários. Mesmo assim, era inofensivo, e nos proporcionava alguma diversão.

Lembro-me de quando me disseram que havia entre os passageiros um homem que contava os batimentos do pulso após cada refeição, e eram refeições pesadas, já que ele estava imune aos enjoos. Esperei ansiosamente que ele repetisse isso, para que eu pudesse observá-lo. Se fosse meu pulso, e não o dele, que ele verificava com tanto cuidado, eu não estaria mais interessada. Todos os dias eu ficava mais ansiosa e preocupada, até não me conter em perguntar a ele se seu pulso diminuía antes das refeições e aumentava depois, ou se era o mesmo pela noite e pela manhã.

Quase esqueci meu interesse por esse homem quando voltei minha atenção para outro, que contava o número de passos que dava todos os dias. Esse, por sua vez, tornou-se menos interessante quando descobri que uma das mulheres, que sofria muito por causa dos enjoos, não havia tirado a roupa desde que deixara sua casa em Nova York.

— Tenho certeza de que todos nós vamos afundar — disse ela um dia em um rasgo de sinceridade —, estou determinada a afundar vestida!

Com isso não me surpreendia que ela sofresse tão terrivelmente com os enjoos.

Uma família que estava retornando de Nova York para Paris levava um pequeno *skye terrier* prateado que tinha o nome bastante estranho de "Lar, Doce Lar". Felizmente para o cachorro, assim como para as pessoas que falavam com ele, haviam abreviado para "Lar".

A passagem de Lar fora paga, mas de acordo com as regras do navio, ele foi confiado aos cuidados do açougueiro, muito a contragosto dos seus donos. Lar não estava acostumado com medidas tão duras assim, e seus únicos momentos de felicidade na vida eram quando permitiam que viesse ao convés. A permissão era concedida com a cláusula de que se latisse seria imediatamente levado de volta. Receio que muitas horas de prisão de Lar possam ser colocadas na nossa conta, pois quando alguém gritava "ratos", ele corria mais freneticamente, e quando corria quase sempre pontuava sua tentativa com latidos curtos e nítidos. Com consternação, notamos diariamente como Lar definhava. Estranhamos a perda de peso quando estava justamente confinado nos aposentos do açougueiro. Seu definhamento foi por fim atribuído ao enjoo do mar, que ele, assim como os outros passageiros, sofria confinado no recato da cabine. Mais para o fim da viagem, quando nos serviram salsichas e hambúrgueres, muitos perguntariam, aos sussurros, se Lar havia sido visto naquele dia. Tão ansiosos mostraram-se aqueles cochichos que às vezes eu os achava um tanto tingidos de uma preocupação pessoal que não era lá de amizade para com o cachorrinho.

Quando tudo o mais se tornava cansativo, o capitão Albers sempre inventava alguma coisa para nos entreter. Ele criou uma rotina todas as noites após o jantar de riscar uma linha em um cartão para cada homem que estivesse à mesa. Ele marcava uma dessas linhas e, dobrando parcialmente o cartão para que não se visse qual fora, passava-o pelos homens para que fizessem sua escolha. Depois de todos terem marcado, o cartão era devolvido ao capitão, e ficávamos esperando, com a respiração suspensa, pelo veredito. O cavalheiro cujo nome fosse marcado pagaria pelo charuto e pelo licor dos demais.

Muitas foram as discussões sobre a impressão errônea da maioria dos estrangeiros sobre os americanos e sobre os Estados Unidos. Alguém comentou que boa parte dos estrangeiros não era capaz de dizer onde fica o país.

— Há muitas pessoas que pensam que os Estados Unidos é uma pequena ilha, com umas poucas casas — disse o capitão Albers. — Uma vez, enviaram para minha casa, perto do cais, em Hoboken, uma carta da Alemanha, endereçada a

CAPITÃO ALBERS,
PRIMEIRA CASA NA AMÉRICA.

— Certa vez, recebi uma da Alemanha — disse o homem mais tímido da mesa, com o rosto corando ao som da própria voz, "endereçada a

HOBOKEN,
DO OUTRO LADO DOS ESTADOS UNIDOS".

Durante o almoço de 21 de novembro, alguém gritou que havia terra à vista. O modo com que todos deixaram a mesa e correram ao convés só não foi certamente superado pelos companheiros de Colombo quando descobriram a América. Não posso dar nenhuma boa razão para isso, mas sei que olhei para o primeiro ponto da terra desolada com mais interesse do que teria conferido o cenário mais bonito do mundo.

Não havíamos avistado terra há muito tempo quando os conveses começaram a se encher de pessoas atordoadas e de rosto pálido. Era como se tivéssemos recebido novos passageiros. Nunca iríamos nos dar conta de que vieram de Nova York e estavam desfrutando (?) uma temporada de reclusão desde a saída daquele porto.

O jantar naquela noite foi muito agradável. Pratos extras foram preparados em homenagem àqueles que estavam desembarcando em Southampton. Eu não conhecia nenhum dos passageiros quando deixei Nova York sete dias antes, mas agora percebia que era cedo demais para me separar deles, e que lamentava muito a partida. Se eu tivesse viajado com uma companhia, não teria me sentido tão carente, pois naturalmente teria tido menos tempo para cultivar uma relação com meus companheiros de viagem.

Foram todos tão gentis comigo que eu seria a mais ingrata das mulheres se não sentisse que estava deixando amigos para trás. O capitão Albers serviu por muitos anos como comandante de um navio nos mares orientais e me alertou sobre a maneira pela qual eu deveria cuidar da minha saúde. À medida que minha estada ficava mais curta no Augusta Victoria, algumas pessoas me provocavam gentilmente sobre o desenlace de minha tentativa de bater o recorde de um herói de ficção, e me vi forçando uma falsa alegria que ajudava a esconder meus temores reais.

Todos os passageiros do Augusta Victoria ficaram acordados para se despedir de nós. Ficamos no convés conversando ou andando nervosamente até as duas e meia da manhã. Então alguém disse que o rebocador havia aparecido e todos corremos para vê-lo. Depois que foi liberado, descemos ao convés inferior para ver quem chegaria e receber notícias da terra.

Um homem estava muito preocupado com minha viagem sozinha a Londres. Ele achava que eu chegaria demasiado cedo, ou tarde, e que o correspondente de Londres, que deveria me encontrar, talvez não aparecesse.

— Posso deixar o navio e acompanhá-la com segurança até Londres se ninguém for recebê-la — afirmou, apesar das minhas garantias de que me sentia perfeitamente capaz de me manter segura sem uma escolta.

Mais por causa dele do que por mim, observei os homens a bordo e tentei achar o que havia sido enviado para me encontrar. Vários deles estavam em uma fila que passava por nós, bem quando um cavalheiro que fez algum comentário sobre minha viagem ao redor do mundo. Um rapaz alto ouviu o comentário e, virando-se na escada, olhou para mim com um sorriso hesitante.

— Nellie Bly? — perguntou.

— Sim — respondi, estendendo a mão, que ele apertou cordialmente, enquanto perguntava se eu havia gostado da viagem e se minha bagagem estava pronta para ser transferida.

O homem que estava preocupado com o fato de eu ir a Londres sozinha aproveitou a oportunidade para puxar o correspondente para uma conversa. Depois, ele veio até mim e disse com uma expressão mais satisfeita no rosto:

— Parece que ele é direito. Se ele não estivesse aqui, eu iria acompanhá-la a Londres de qualquer maneira. Estou satisfeito agora porque ele vai cuidar de você.

Fui embora com um sentimento caloroso no coração por aquele homem gentil que teria sacrificado o próprio conforto para garantir a segurança de uma garota desprotegida.

Alguns apertos de mão calorosos e troca de cumprimentos, um pouco da sensação de garganta seca, uma pulsação rápida do coração, uma pequena correria ao descer a prancha com os outros passageiros que estavam indo para Londres e depois o rebocador desatracou do navio, e nós deslizamos para o escuro.

CAPÍTULO III
*De Southampton para
a casa de Júlio Verne*

"Osr. e a sra. Júlio Verne enviaram uma correspondência especial solicitando que, se possível, faça uma parada para vê-los — disse-me o correspondente de Londres quando estávamos a caminho do cais.

— Oh, como eu gostaria de vê-los! — exclamei, acrescentando sem nem parar para respirar: — que difícil é ter que declinar de tal alegria!

— Se estiver disposta a ficar sem dormir e sem repousar por duas noites, acho que conseguiríamos — disse ele calmamente.

— Com segurança? Sem me fazer perder nenhuma conexão? Se sim, nem penso em dormir ou repousar.

— Tudo depende de tomarmos o comboio que parte daqui hoje à noite. Todos os trens regulares até amanhã já partiram, e a menos que decidam mandar um comboio especial para a correspondência atrasada, teremos que passar aqui a noite toda, e isso não nos daria tempo para visitar Verne. Quando desembarcarmos, veremos o que foi decidido.

O barco que nos levou deixava muito a desejar em termos de conforto. A única cabine parecia ser o casco, mas estava cheia de correspondências e bagagens e iluminada por uma lâmpada com um globo esfumaçado. Não vi lugar para sentar, então todos ficamos no convés, tremendo no ar úmido e frio, e tentando ver algo no meio do nevoeiro, como espíritos inquietos.

O cais sombrio e em ruínas era um local de desembarque adequado para o barco antiquado. Segui silenciosamente o correspondente até um grande galpão vazio, onde alguns homens com olhos sonolentos, cujos uniformes deixavam claro que haviam todos dormido sem trocar de roupa, estavam parados atrás de balcões baixos e compridos.

— Onde estão as chaves? — o correspondente me perguntou enquanto pousava minha maleta solitária diante de um desses fiscais de aparência cansada.

— Está atulhada demais para trancar — respondi simplesmente.

— Pode jurar que não tem tabaco ou chá? — o inspetor perguntou preguiçosamente ao meu acompanhante.

— Não jure — eu disse a ele; depois, voltando-me para o fiscal, acrescentei: — a maleta é minha.

Ele sorriu, fez uma marca de giz na maleta e nos libertou.

— Declare seu tabaco e chá ou dê gorjeta ao homem — disse, zombeteira, ao um passageiro que estava com o pobre e magro Lar tremendo debaixo de um dos braços, procurando freneticamente as chaves pelos bolsos.

— Já dei meu jeito — o homem respondeu com uma piscadela.

Ao passar pela alfândega, ficamos felizes em saber que haviam decidido conectar um vagão de passageiros ao comboio postal para abrigar aqueles que desejavam ir a Londres sem demora. O trem estava pronto, então concluímos que era melhor entrar em nosso vagão e tentar nos aquecer.

Um carregador pegou minha maleta e outro homem de uniforme puxou uma chave enorme com a qual destrancou a porta que ficava na lateral do vagão, e não na traseira, como nos Estados Unidos. Consegui dar um passo longo e desconfortável em direção à porta e, batendo o dedão contra alguma protuberância no chão, caí da maneira mais desajeitada e sem cerimônia no assento.

Meu acompanhante, após dar alguma ordem ao carregador, saiu para resolver minha passagem, então aproveitei para analisar um compartimento ferroviário britânico. O interior parecia o de um ônibus e era quase tão confortável quanto. Os dois assentos de couro vermelho atravessavam o carro, um que dava para o lado do motor, o outro para a traseira. Havia uma porta de cada lado, e dificilmente se poderia dizer que uma lâmpada sombria estava lá para lançar uma luz sobre a cena se o cheiro de óleo não fosse tão evidente. Levantei cuidadosamente o tapete que cobria a coisa onde havia tropeçado, curiosa para ver o que poderia ser tão necessário para uma carruagem inglesa de modo a ocupar uma posição tão proeminente. Encontrei um objeto inofensivo que parecia uma barra de ferro e tinha acabado de deixar o tapete no lugar quando a porta se abriu e o carregador, tomando o ferro por uma extremidade, puxou-o para fora, substituindo-o por outro semelhante a este em forma e tamanho.

— Ponha os pés no aquecedor e se aqueça, senhorita — disse ele; e eu mecanicamente fiz o que me recomendou.

Meu acompanhante voltou logo depois, seguido por um carregador com uma cesta grande que colocou em nossa carruagem. O guarda veio em seguida e pegou nossos bilhetes. Colando um pedaço de papel na janela, que visto por trás lia-se "odavirP", saiu e trancou a porta.

— Como poderemos sair se o trem descarrilhar? — perguntei, não gostando nem um pouco da ideia de ser trancada em uma caixa como um animal em um trem de carga.

— Os trens nunca saem dos trilhos na Inglaterra — foi a resposta tranquila e satisfatória. — São lentos demais para isso — disse, de pilhéria, o que apenas provocou uma pergunta delicada sobre se eu gostaria de algo para comer.

Com um jornal espalhado sobre o colo fazendo as vezes de toalha de mesa, tiramos o que estava na cesta e passamos o tempo comendo e conversando sobre minha jornada até a locomotiva alcançar Londres.

Como nenhum trem era esperado a essa hora, a Estação Waterloo estava quase deserta. Passado algum tempo desde que paramos, o guarda abriu a porta do nosso compartimento e nos libertou. Nossos poucos companheiros de viagem já estavam entrando em táxis surrados quando descemos do trem. Mais uma vez, dissemos adeus e desejamos sorte uns aos outros, e então me vi em uma táxi-carruagem de quatro rodas, diante de um jovem inglês que tinha vindo nos encontrar e que nos contava eloquentemente as últimas novidades.

Não sei a que horas chegamos, mas meus companheiros me disseram que era de dia. Eu não teria como saber isso. Uma névoa cinzenta pairava como um véu fantasmagórico sobre a cidade. Eu sempre gostei de nevoeiro, que empresta uma luz tão suave e embelezadora para coisas que, de outro modo, no amplo brilho do dia, seriam rudes e ordinárias.

— Como são nossas ruas comparadas às de Nova York? — foi a primeira pergunta que quebrou o silêncio depois que saímos da estação.

— Não são más — disse com um ar contemporizador, pensando envergonhada nas horríveis ruas de Nova York, embora determinada a não aceitar nenhuma crítica a respeito delas.

Mostraram-me, ou melhor, apontaram para a Abadia de Westminster e o Parlamento, e o Tâmisa, o qual cruzamos. Senti que estavam me mostrando uma panorâmica de Londres. Muitos estrangeiros também tiveram apenas essa rápida visão dos Estados Unidos e voltaram para casa para escrever livros sobre os Estados Unidos, os americanos e os americanismos.

Dirigimo-nos primeiro ao escritório de Londres do *New York World*. Depois de receber os telegramas que aguardavam minha chegada, corri à embaixada americana para receber um passaporte, como havia sido instruída por telegrama.

O sr. McCormick, Secretário da Embaixada, entrou na sala imediatamente após nossa chegada, e depois de me receber e dar os parabéns pela bem-sucedida conclusão da primeira parte da viagem, sentou-se e emitiu um passaporte.

Meu acompanhante foi convidado a passar para outra sala a fim de que o representante pudesse me fazer uma pergunta delicada. Eu nunca havia solicitado um passaporte antes e senti uma curiosidade ansiosa por saber que segredos estariam relacionados a tais procedimentos.

— Há uma pergunta a qual todas as mulheres odeiam responder e, como poucas dão uma resposta verdadeira, pedirei a você que faça um juramento em relação às outras primeiro e preencha essa pergunta depois, a não ser que não hesite em me dizer sua idade.

— Ah, certamente — eu ri — vou lhe dizer minha idade, sob juramento também, e não tenho medo; meu acompanhante pode estar presente.

— Qual é a cor dos seus olhos? — perguntou.

— Verde — disse indiferente.

Ele estava inclinado a duvidar disso no início, mas depois de uma breve inspeção, os dois cavalheiros aceitaram meu veredito como correto.

Levou apenas alguns segundos até estarmos rodopiando pelas ruas de Londres novamente. Dessa vez, fomos ao escritório da Peninsular & Oriental Steamship Company, onde comprei passagens que cobririam pelo menos metade da minha jornada. Após alguns instantes, nos dirigimos rapidamente até a estação de Charing Cross.

Eu estava faminta, e enquanto meu companheiro dispensava o táxi e se dirigia ao guichê para comprar passagens, pedi a única coisa no menu da Charing Cross que já estava pronta, assim, quando ele voltou, o desjejum estava preparado para ele. Era apenas presunto, ovos e café, mas estava tudo delicioso. Não chegamos a comer muito, e quando fomos interrompidos pelo anúncio de que nosso trem estava partindo, parei o tempo suficiente para tomar outro gole de café e tive que correr pela plataforma para alcançá-lo.

Não há nada como comer bastante para preservar a saúde. Sei que a xícara de café me salvou de uma dor de cabeça naquele dia. Tremi de frio por todo o percurso apressado por Londres, e minha cabeça estava tão estonteada às vezes que mal sabia se o chão estava tremendo ou se meu cérebro estava assistindo a um baile. Quando me acomodei no vagão, comecei a me sentir mais quente e mais estável.

A locomotiva partiu a uma velocidade tranquila, e seu leve chacoalhar me levou a um estado de languidez.

— Queria que você apreciasse a paisagem por aqui, é linda — disse meu acompanhante, mas preguiçosamente pensei: o que é a paisagem comparada ao sono quando alguém não vê a cama há mais de vinte e quatro horas?

Eu disse a ele, muito contrariada:

— Não acha melhor tirar uma soneca? Você não dorme há tanto tempo e vai ficar acordado até alta noite, então, por sua saúde, acho que é melhor dormir agora.

— E quanto a você? — perguntou com um sorriso provocador. Eu tinha dormido ainda menos.

— Bem, confesso, estava dizendo uma palavra para você e duas para mim — respondi, com uma risada que nos deixou à vontade com o assunto.

— Honestamente, eu pouco me importo com a paisagem quando estou com tanto sono — eu disse me desculpando. — Essas casas de fazenda inglesas são encantadoras e os prados pontilhados de margaridas (eu não tinha a menor ideia se havia margaridas nelas ou não) são iguais às que eu já vi no Kansas, então, se me der licença...

E parti para a terra que une a vida à morte.

Dormi um sono fácil e feliz, cheio de sonhos com minha casa até ser acordada pelo trem parando.

— Aqui trocamos o comboio por um barco — disse meu companheiro, pegando as malas e os tapetes, os quais entregou a um carregador.

Uma pequena caminhada pelo píer nos levou ao lugar onde um barco aguardava. Algumas pessoas estavam saindo do barco, mas um número maior permaneceu parado, esperando que ele se afastasse.

O ar estava muito frio e gelado, mas ainda assim eu preferi o convés à cabine abaixo, apertada e com cheiro de mofo. Duas inglesas também permaneceram no convés. Fiquei muito entretida com a conversa que elas mantinham com algumas amigas que as acompanharam até o barco e agora estavam no cais. Alguém poderia supor, ouvindo-os, que elas haviam se encontrado naquele instante, e não tendo tempo para passar juntos, foram forçadas a preparar todos os arranjos adicionais no local.

— Você virá amanhã, não vá se esquecer — gritou a jovem no barco.

— Não vou esquecer. Tem certeza de que tem tudo o que precisa consigo? — a do cais falou de volta.

— Cuide do Fido. Dê a ele esse composto pela manhã se não houver melhora —, disse a primeira.

— Vai me encontrar amanhã? — disse a número dois no cais.

— Ah, sim, não se esqueça de vir — foi a resposta, e assim que o barco se moveu, as duas conversaram ao mesmo tempo até estarmos a certa distância, e simultaneamente uma sentou-se e a outra deu as costas e afastou-se do cais.

Tanto se diz e se escreve sobre o Canal da Mancha, que se poderia pensar nele como uma corrente de horrores. Também dizem que até mesmo marinheiros experientes temem atravessá-lo, então naturalmente senti que minha hora estava próxima.

Todos os passageiros pareciam familiarizados com a história do canal, pois os vi tentando todos os preventivos que se conhece contra o enjoo marítimo. As mulheres assumiram posições reclinadas e os homens procuraram o bar.

Permaneci no convés e observei as gaivotas, ou o que eu pensei serem esses pássaros úteis — para a chapelaria feminina —, e meu nariz congelou. Fazia muito frio, mas achei o frio estimulante até ancorarmos em Boulogne, na França. Então eu tive um calafrio.

No final do píer desolado, onde os barcos ancoram e de onde os trens partem, há um restaurante pequeno e sujo. Enquanto um marujo inglês que não pronunciava o "h" e nunca se esquecia do "sir", tomava conta de nossas malas e providenciava assentos no trem que iria partir, seguimos os outros passageiros até o restaurante para conseguir algo quente para comer.

Estava na França agora, e comecei a me perguntar qual poderia ter sido minha sina se tivesse viajado sozinha, como esperava. Eu sabia que meu acompanhante falava francês, o idioma que todas as pessoas a nosso redor falavam, então me senti perfeitamente à vontade nessa questão, desde que ele estivesse comigo.

Tomamos nossos lugares à mesa e ele começou a pedir em francês. O garçom olhou inexpressivo para ele até que, finalmente, mais no espírito de diversão do que qualquer outra coisa, sugeri que ele fizesse o pedido em inglês. O garçom olhou para mim com um sorriso e respondeu em inglês.

Viajamos de Boulogne para Amiens num vagão com um casal inglês e um homem francês. Havia um único aquecedor de pés e o dia estava frio. Tentamos colocar nossos pés e o resultado foi embaraçoso. O francês à frente me encarava como se eu tivesse pisado nos dedos de alguém, e como me olhava com raiva o tempo todo pelo o canto do jornal, fiquei com um vago sentimento de culpa por não saber quais dedos foram pisoteados.

Durante essa viagem, tentei entender o motivo da popularidade desses vagões ferroviários antigos e incômodos. Acabei por concluir que, embora possam ser adequados para países onde poucas viagens são realizadas, seriam completamente inúteis naqueles pouco povoados, onde as pessoas pensam menos em viajar cinco mil quilômetros do que no jantar. Também concluí que a razão pela qual nem pensamos duas vezes em empreender longas viagens é porque nosso conforto é tão prezado, que estar em um vagão de primeira classe é tão confortável quanto se hospedar em um hotel de primeira classe. Os vagões ingleses são estupidamente aquecidos. Os pés queimam no aquecedor, enquanto as costas congelam com o ar frio. Se alguém ficar repentinamente doente em um compartimento ferroviário inglês, será uma doença grave.

Ainda assim, posso imaginar condições em que tais vagões antigos poderiam ser agradáveis, mas mesmo essas não convenceriam um viajante a preferi-los ao modelo americano.

Supondo que alguém tivesse sarampo ou um olho roxo, então uma cabine num trem, que pode ser convertida em ambiente privado mediante uma gorjeta ao carregador, seria muito consoladora. Supondo que recém-casados estejam transbordando de êxtase de alegria, deem aos pombinhos um compartimento em um vagão inglês onde eles possam se isolar dos olhos do público frio e desdenhoso.

E não venham falar de privacidade! Se os ingleses desejam tanto a privacidade, deveriam adotar trens americanos, pois não existe uma privacidade maior do que a que se tem em um vagão grande e cheio de estranhos. Todo mundo tem seu lugar, e fica nele. Não é preciso ficar sentado por horas, como costuma ser o caso nos trens ingleses, cara a cara e joelhos com joelhos com um estranho, ofensivo ou não, como é algumas vezes.

Essa cabine me fez entender por que as garotas inglesas precisam de uma dama de companhia. Faria estremecer qualquer mulher americana, com toda a sua autoconfiança, pensar em enviar sua filha sozinha em uma viagem, mesmo que por algumas horas, com a perspectiva de que durante essas horas ela estivesse trancada em um compartimento com um estranho.

Não admira que a garota americana seja destemida. Ela não está acostumada aos chamados compartimentos particulares nas cabines inglesas, mas a grandes multidões, e cada indivíduo que ajuda a aumentar essa multidão é para ela um protetor. Quando as mães ensinarem às filhas que é mais seguro estar em ambientes com muita gente, e essas pessoas são guarda-costas que protegem todos os tipos de mulheres, as damas de companhia serão uma coisa do passado, e as mulheres serão mais nobres e melhores.

Enquanto eu refletia sobre essa questão, o comboio parou em uma estação. Meu acompanhante, olhando para fora, informou-me que havíamos chegado a Amiens.[4] Estávamos trancados, no entanto, e começamos a pensar que seríamos forçados a continuar a viagem, quando meu companheiro conseguiu colocar a cabeça para fora da janela e gritou para que o guarda viesse abrir a cabine. Finalmente libertados, saímos da plataforma em Amiens.

---

4   *Amiens fica no norte da França, a meio caminho entre Boulogne-sur-mer, onde Nellie desembarcou, e Paris.*

CAPÍTULO IV
Na casa de Júlio Verne

Sr. e sra. Júlio Verne, acompanhados pelo sr. R. H. Sherard, um jornalista parisiense, estavam na plataforma a aguardar nossa chegada.

Quando os vi, senti o que qualquer outra mulher teria sentido nas mesmas circunstâncias. Queria saber se meu rosto estava amarrotado pela viagem e se meu cabelo estava desarrumado. Pensei, arrependida, que se houvesse viajado em um trem americano, poderia ter feito minha toalete *en route*, de modo que, quando parasse em Amiens e enfrentasse o famoso romancista e sua encantadora esposa, estaria tão elegante e aprumada como se estivesse recebendo-os em minha casa.

Havia pouco tempo para arrependimentos. Eles estavam avançando em nossa direção, e em um segundo esqueci meu desalinho, tendo em vista a cordial acolhida que me deram. Os olhos de Júlio Verne brilharam sobre mim com interesse e gentileza, e a sra. Verne me cumprimentou com a cordialidade de uma amiga querida. Não havia formalidades para congelar a gentileza em todos os corações, mas uma receptividade expressa com uma graça tão encantadora que poucos minutos com eles bastaram para conquistar meu eterno respeito e minha devoção.

Sr. Verne conduziu o caminho até as carruagens que esperavam por nós. Sra. Verne caminhou ao meu lado, olhando ocasionalmente de relance para mim com um sorriso, que dizia, na linguagem do olhar, a linguagem comum a todos os animais do planeta, tanto dos homens quanto das feras: "Fico feliz em recebê-la e lamento que não possamos conversar". Sr. Verne colocou graciosamente a sra. Verne e eu em um cupê, enquanto ele entrava em uma carruagem com os outros dois cavalheiros. Senti-me muito estranha por ter sido deixada sozinha com a sra. Verne, uma vez que eu era totalmente incapaz de falar sua língua.

Seu conhecimento de inglês consistia em "no" e meu vocabulário de francês consistia em "oui", então nosso diálogo se limitou a uns poucos sorrisos apologéticos e amigáveis intercalados com um ocasional aperto de mãos. De fato, sra. Verne é das mais encantadoras mulheres, e mesmo desse jeito estranho fez tudo para parecer mais agradável.

Era o fim da tarde. Enquanto passeávamos pelas ruas de Amiens, tive um vislumbre rápido de lojas iluminadas, um bonito parque e várias babás que empurravam carrinhos de bebê.

Quando nossa carruagem parou, saí e dei minha mão a sra. Verne para ajudá-la a descer. Paramos numa calçada larga e lisa, diante de um alto muro de pedra, por cima do qual pude entrever os contornos pontiagudos da casa.

Sr. Verne não demorou muito a ter conosco. Ele apressou-se para onde estávamos e abriu o portão. Ao entrar, encontrei-me em um pequeno pátio suavemente pavimentado, o muro formando dois lados e a casa completando o quadrado.

Um cachorro grande, preto e peludo veio correndo para me receber. Pulou em cima de mim, os olhos suaves transbordavam afeição, e embora eu ame cachorros e aprecie especialmente essa amável recepção, também fiquei com medo que essa exibição desabrigada pudesse minar minha dignidade e me pôr de joelhos na soleira da casa do famoso escritor francês. Sr. Verne evidentemente entendeu minha agonia, porque falou bruscamente com o cachorro, que com uma patética queda do rabo, saiu para pensar no que tinha feito.

Subimos os degraus de mármore até o chão de azulejos de uma linda e pequena estufa que não estava abarrotada de flores, mas continha uma mostra muito generosa que permitia apreciar a beleza das diferentes plantas. Sra. Verne abriu o caminho para uma grande sala de estar que estava escura com as precoces sombras de uma noite invernal. Com as próprias mãos, lançou um fósforo aceso na pilha de madeira seca que estava na ampla lareira aberta.

Enquanto isso, sr. Verne insistiu para que tirássemos nossos agasalhos. Antes que isso acontecesse, um fogo brilhante crepitava na grelha, espalhando a luz macia e morna pela sala escura. Sra. Verne me conduziu até uma cadeira perto da lareira; sentei-me e ela sentou-se no lado oposto. Animada pelo calor, olhei com calma o cenário diante de mim.

A sala era ampla. As tapeçarias e pinturas na parede e o tapete macio de veludo, que deixava visível apenas uma fresta de madeira de lei polida, eram de um rico tom escuro. Sobre a lareira, situadas acima da cabeça da Sra. Verne, ficavam algumas finas peças de bronze, e enquanto o fogo nos dava frequentes lampejos brilhantes assim que as chamas alcançavam a madeira fresca, pude ver no canto outra peça de bronze num pedestal. Todas as cadeiras artisticamente estofadas em brocados de seda eram de uma simplicidade luxuosa. Partindo de cada lado da lareira, ficavam acomodadas em torno do fogo em um semicírculo, que era apenas interrompido por uma pequena mesa que abrigava vários castiçais altos de prata.

Um delicado gato angorá branco veio se esfregar contra meu joelho. Depois, vendo sua dona encantadora do lado oposto, foi até ela e se encarapitou audaciosamente em seu colo, como na certeza de uma carinhosa acolhida.

Junto a mim, nesse semicírculo, sentou-se o sr. Sherard. Sr. Júlio Verne estava junto a ele. Sentou-se na beirada da cadeira. Seu cabelo branco neve um tanto comprido e pesado, estava artisticamente desalinhado; sua barba cheia, rivalizando com o cabelo em brancura, escondia a parte mais baixa do rosto; o esplendor dos olhos brilhantes eram ofuscados por uma pesada sobrancelha branca; e a rapidez de seu discurso e o movimento rápido e firme de suas mãos brancas — tudo transbordava energia, vida e entusiasmo.

O correspondente de Londres sentou-se junto ao sr. Verne. Com um sorriso em seus lábios macios e rosados. A sra. Verne acarinhava o gato metodicamente com a elegância de suas mãos brancas, enquanto seus olhos negros luminosos moviam-se alternadamente entre mim e seu marido.

Ela era a figura mais encantadora daquele grupo ao redor da fogueira. Imagine um rosto jovial, com uma compleição impecável coroada com cabelos mais brancos, vestida com dobras harmoniosas e suaves no topo de uma cabeça delicada, mais lindamente disposta sobre um par de ombros roliços. Acrescente a esse rosto belos lábios vermelhos, que se abrem revelando uma fileira de dentes adoráveis, e grandes olhos negros e feiticeiros, e você tem apenas uma leve imagem da beleza da sra. Verne.

Naquele dia reparei que vestia uma jaqueta de couro de foca e luvas de pele, e sobre a cabeça branca estava uma pequena boina de veludo. Ao tirar o sobretudo, vi que ela usava uma saia de seda, com um drapeado preto de cada lado que descia totalmente reto na frente, muito de acordo para sua figura baixa e arredondada. O corpete era de veludo preto de seda.

Sra. Verne, estimo, tinha pouco mais que um metro e meio de altura; sr. Verne, aproximadamente um e setenta. Ele falava de uma maneira curta e rápida, e o sr. Sherard, com uma voz atraente e preguiçosa, traduziu o que foi dito para meu entendimento.

— O sr. Verne já esteve nos Estados Unidos? — perguntei.

— Sim, uma vez — a resposta chegou traduzida para mim. — Por uns poucos dias apenas, durante esse tempo pude ver o Niágara. Sempre quis retornar, mas meu estado de saúde me impede de fazer longas jornadas. Tento me manter informado de tudo o que está acontecendo nos Estados Unidos e aprecio muito as centenas de cartas que recebo todo ano dos americanos que leem meus livros. Há um homem na Califórnia que tem se correspondido comigo por anos. Ele conta todas as novidades sobre sua família, seu lar e seu país como se eu fosse um amigo, mas nunca o encontrei. Ele insiste que eu vá para a Califórnia como seu convidado. Não há nada que desejasse fazer mais do que ver sua terra de Nova York a São Francisco.

— Como o senhor teve a ideia do seu romance *A volta ao mundo em 80 dias*? — perguntei.

— Eu tirei isso de um jornal — foi a resposta. — Peguei um exemplar do *Le Siécle* pela manhã, e li uma discussão e alguns cálculos mostrando que a jornada ao redor do planeta poderia ser feita em oitenta dias. A ideia me agradou e, ao refletir, me ocorreu que, nos cálculos deles, não haviam levado em conta a diferença nos meridianos, e pensei que reviravolta isso poderia trazer a um romance, então fui trabalhar para escrever um. Se não fosse pela reviravolta, acho que nunca teria escrito o livro.

— Eu tinha um iate — ele continuou —, e naquela época viajava por todo o mundo estudando as coisas de cada local. Depois, escrevi a partir de observações reais. Agora, como minha saúde me confina a minha casa, sou obrigado a ler descrições e tratados de geografia.

Sr. Verne perguntou-me qual seria meu itinerário e fiquei muito feliz em conversar sobre algo que conhecesse bem, por isso contei a ele.

— Meu roteiro de viagem vai de Nova York a Londres, depois Calais, Brindisi, Porto Saíde, Ismaília, Suez, Áden, Colombo, Penang, Singapura, Hong Kong, Yokohama, São Francisco, Nova York.

— Por que você não vai a Bombaim como meu herói, Phileas Fogg? — perguntou Verne.

— Porque estou mais ansiosa em poupar tempo do que em poupar uma jovem viúva — respondi.[5]

---

5   Em A volta do mundo em 80 dias, *Phileas Fogg salva uma viúva indiana de ser queimada na pira funeral de seu marido.*

— Você pode poupar um jovem viúvo antes de voltar — disse sr. Verne com um sorriso.

Sorri com um conhecimento de causa, como as mulheres, livres do desejo, sempre sorriem a tais insinuações.

Olhei para o relógio em meu pulso e vi que meu tempo ficava curto. Havia apenas um comboio que poderia tomar de lá para Calais, e se eu não o pegasse, melhor seria retornar a Nova York, pois a perda desse trem significaria uma semana de atraso.

— Se o sr. Verne não me considerar impertinente, gostaria de ver o escritório dele antes de partir", disse finalmente.

Ele respondeu que estava muito feliz em me mostrar, e antes mesmo do pedido ser traduzido, a sra. Verne levantou-se e acendeu uma das altas velas de cera.

Ela disparou com o passo rápido e cheio de energia de uma garota, abrindo o caminho. Sr. Verne, que anda com um leve mancar, resultado de uma lesão, a seguiu, e nós fomos atrás dele. Atravessamos a estufa até uma pequena sala através da qual havia uma escada em caracol ou, mais propriamente, uma escada em espiral. Sra. Verne parava em cada curva para acender o lampião.

Na parte de cima da casa e ao longo de um corredor que correspondia em formato à estufa abaixo, sr. Verne foi adiante, e a sra. Verne parou para acender o lampião no corredor. Ele abriu uma porta que dava para o corredor e eu entrei atrás dele.

Fiquei atônita. Eu esperava, a julgar pelo resto da casa, que o escritório do sr. Verne seria uma sala de amplas proporções e ricamente mobiliada. Já tinha lido tantas descrições dos escritórios de autores famosos e sentia algo parecido com inveja (nosso espaço é tão limitado e caro em

Nova York!) da ampla sala, das belas mesas esculpidas à mão cheias de caros bibelôs, das gravuras e pinturas raras que cobriam as paredes, das tapeçarias, e, confesso, pensava que era nesses ambientes que os autores conseguiam sonhar com as fantasias que lhes trouxeram fama.

Mas quando entrei no escritório do sr. Verne, fiquei sem palavras de tanta surpresa. Ele abriu uma janela de treliça, a única da sala, e a sra. Verne, correndo atrás de nós, acendeu o lampião que ficava preso acima de uma lareira.

O cômodo era muito pequeno; do tamanho da minha saleta de casa. Também era muito modesto e desprovido de enfeites. Diante da janela havia uma mesa de tampo liso. A desordem habitual que acompanha e enche as mesas da maioria das pessoas literárias estava visivelmente ausente, e o cesto de papéis, que em geral fica cheio até transbordar com o que muitas vezes podem ser consideradas suas mais brilhantes produções, nesse caso tinha apenas alguns poucos refugos.

Sobre a mesa havia uma pilha organizada de papel branco, provavelmente 20 × 25 cm. Fazia parte do manuscrito de um romance no qual o sr. Verne estava engajado naquele momento. Aceitei avidamente o manuscrito quando ele me pediu que o segurasse. Quando olhei a caligrafia caprichada, tão caprichada de fato, que se não soubesse que era prosa, pensaria que era o trabalho de um poeta, fiquei mais impressionada que nunca com a extrema arrumação. Em vários pontos ele havia borrado algo que havia escrito, mas não havia nada reescrito, o que me deu a impressão que o sr. Verne sempre aperfeiçoava seu trabalho tirando coisas supérfluas e jamais as acrescentando.

Um frasco de tinta e um porta-caneta era tudo o que compartilhava a mesa com o manuscrito. Havia apenas uma cadeira na sala, e ficava diante da mesa. A única outra peça de mobiliário era um sofá amplo e baixo no canto, e naquela sala com escassos complementos, Júlio Verne escrevia os livros que lhe têm trazido fama eterna.

Inclinei-me sobre a mesa e olhei para fora, pela pequena janela de treliça que ele havia aberto. Pude ver através do lusco-fusco o pináculo de uma catedral a distância, enquanto na extensão abaixo ficava um parque, para além do qual vi a entrada de um túnel ferroviário que passava debaixo da casa do sr. Verne, por onde muitos americanos viajavam todo ano a caminho de Paris.

À saída do escritório fica uma enorme biblioteca. A sala ampla é completamente revestida com prateleiras envidraçadas do teto ao chão recheadas com livros lindamente encadernados que devem valer uma fortuna.

Enquanto estávamos examinando o patrimônio literário diante de nós, sr. Verne teve uma ideia. Pegando uma vela e pedindo que nós o seguíssemos, desceu pelo corredor. Diante de um grande mapa, segurando a vela com uma das mãos, apontou para algumas marcas azuis. Antes que suas palavras fossem traduzidas para mim, entendi que nesse mapa ele havia, com um lápis azul, traçado o curso do seu herói, Phileas Fogg, antes que ele o lançasse, na ficção, pela viagem ao redor do mundo em oitenta dias. Com uma caneta, marcou no mapa os lugares onde minha rota de viagem divergia da de Phileas Fogg.

Nossos passos se arrastavam quando descemos a escada sinuosa novamente. Chegara a hora da despedida, e eu senti como se estivesse me separando de amigos. Na sala onde estávamos antes, encontramos vinho e biscoitos na mesinha, e Júlio Verne explicou que, ao contrário de suas regras habituais, ele pretendia tomar um copo de vinho para que pudéssemos ter o prazer de beber juntos ao sucesso da minha estranha empreitada.

Brindaram com as taças de vinho e me desejaram boa sorte.

— Se você fizer isso em 79 dias, aplaudirei com as duas mãos — disse o sr. Verne, e então descobri que ele duvidava da possibilidade de eu conseguir o feito em 75, como era o plano.

Em minha honra, ele se esforçou para falar em inglês e conseguiu dizer, enquanto sua taça encostava na minha:

— *Good luck,* Nellie Bly.

Sra. Verne não se deixaria superar pelo marido galante em termos de gentileza. Ela disse ao sr. Sherard que gostaria de me dar um beijo de despedida e, quando ele traduziu seu gentil pedido, acrescentou que era uma grande honra na França para uma mulher pedir para beijar uma pessoa desconhecida.

Eu estava pouco habituada a tais formalidades, ou familiaridades, como se queira chamar, mas não tinha qualquer intenção de recusar tal delicada atenção. Assim, lhe dei a mão e inclinei a cabeça, pois sou mais alta que ela, e ela me beijou gentil e afetuosamente em ambas as bochechas. A sra. Verne levantou o rosto bonito para eu beijar. Reprimi uma forte inclinação para beijá-la nos lábios, pois eram tão doces e vermelhos, e mostrar a ela como fazemos isso nos Estados Unidos. Essa travessura muitas vezes causa estragos em minha dignidade, mas pela primeira vez consegui me conter e a beijei suavemente, à maneira francesa.

Com as cabeças descobertas, e apesar de nossos protestos, eles nos seguiram até o pátio frio e, até onde eu os pude ver, permaneceram parados no portão acenando para mim, o vento brusco varrendo seus cabelos brancos.

CAPÍTULO V
Seguindo para Brindisi

Quando o sr. e a sra. Verne não estavam mais à vista, meus pensamentos se voltaram para a viagem. Temia que o prazer da visita à casa deles tivesse comprometido seu êxito.

Disseram ao motorista que fosse o mais rápido possível de volta à estação, mas a carruagem parecia rodar tão silenciosamente que não pude descansar até que instassem o cocheiro novamente a chegar à estação no menor tempo possível.

Logo depois de alcançarmos a estação, o trem chegou. Dando um adeus caloroso ao sr. Sherard, reiniciei minha volta ao mundo, e a visita a Júlio Verne ficou no passado. Eu não havia dormido nem descansado; desviei muitos quilômetros do meu itinerário pelo privilégio de conhecer o sr. e a sra. Verne, e senti que, se tivesse percorrido o mundo inteiro só para ter esse prazer, não teria sido um preço demasiado alto.

O comboio que nos levou a Calais é, pelo que me disseram, o orgulho da França. É chamado de trem-clube e é construído como o que chamamos de "trem vestíbulo"[6] nos Estados Unidos. Os vagões são tão estreitos que, depois de se acostumar com os largos, o trem-clube pareceu-me um brinquedo.

Fiquei curiosa para saber por que esse trem é chamado de trem-clube. Tive uma ideia tola de que seria propriedade privada de algum clube, administrado para seus membros, e percebi alguma hesitação em viajar num trem dedicado ao uso de homens. No entanto a presença de várias mulheres me deixou à vontade, e embora eu fizesse muitas perguntas sobre o comboio, tudo o que pude entender era que ele era considerado o trem mais bem equipado da Europa.

O vagão em que eu estava, como disse antes, continha algumas mulheres, mas estava cheio de homens. Logo depois de deixarmos Amiens, um carregador anunciou que o jantar seria servido no vagão da frente. Todos saíram imediatamente e entraram no vagão-restaurante. Disso presumi que o trem teria provavelmente dois vagões-restaurante, porque no jantar, que mostrou ser excelente, servido com *table d'hôte*, parecia haver acomodações para todos.

Depois de comermos nosso queijo e salada, voltamos ao vagão que fazia as vezes de salão, onde fomos servidos de café, e os homens usufruíam seu privilégio de fumar. Pensei que essa maneira de servir café era muito agradável, uma melhoria digna de ser incorporada em nossos serviços.

---

6 Vagões articulados com passagens sanfonadas entre eles. É o padrão hoje, mas à época, cada vagão de passageiros era um compartimento independente e sem acesso aos demais.

Quando cheguei a Calais, descobri que tinha mais de duas horas de espera. O trem que pretendia pegar para Brindisi é um comboio semanal que corre para recolher a correspondência, e não os passageiros. Ele parte originalmente de Londres, às oito da noite de sexta-feira. A regra é que as pessoas que desejam viajar devem comprar seus bilhetes vinte e quatro horas antes da partida. Os malotes postais e os passageiros vindos da Inglaterra são transportados através do canal e o trem parte de Calais à uma e meia da manhã.

Existem lugares mais agradáveis no mundo para passar o tempo do que Calais. Andei ao longo do píer e olhei para o farol, que me disseram ser um dos mais perfeitos do mundo, jogando a luz mais longe do que qualquer outro. É uma fonte de luz giratória lançando longos raios que passam tão rente acima de nossas cabeças que me vi esquivando para evitar ser atingida. É claro que isso era pura imaginação da minha parte, pois os raios estão exatamente o oposto de estar perto do chão, mas se espalham entre o chão e o céu como as ripas de uma cerca inacabada. Eu me pergunto se o povo de Calais alguma vez já conseguiu ver a lua e as estrelas.

Há uma bela estação de trem construída perto do fim do píer. É de tamanho generoso, mas parecia, pelo que pude julgar, bem vazia àquela hora da noite. Há um agradável passeio pavimentado entre muros ao lado dela, em frente ao píer, que, devo dizer, seria uma ótima atração e um conforto para os passageiros que são forçados a esperar naquele local.

Meu acompanhante me levou até o restaurante, onde encontramos alguma coisa para comer, que foi servida por um garçom francês que conseguia falar algum inglês e entendia ainda um pouco mais. Quando anunciaram que o barco da Inglaterra estava chegando, saímos e vimos os passageiros, cheios de malas e embrulhos, desembarcarem e irem para o trem que estava esperando ao lado. Mil malotes de correspondência foram rapidamente transferidos para o vagão, e então despedi-me do acompanhante, e logo afastava-me rapidamente de Calais.

Há apenas um vagão de passageiros nesse trem. É um carro-dormitório Pullman Palace, com acomodações para 22 passageiros, mas é regra nunca levar mais de 21, sendo que um dos beliches é ocupado pelo guarda.

Na manhã seguinte, não tendo mais nada para ocupar meu tempo, pensei em ver como estavam meus companheiros de viagem. Eu tinha compartilhado os beliches no extremo do carro com uma bonita garota inglesa de bochechas muito rosadas e a maior fartura de cabelos castanhos dourados que eu já vi. Ela estava indo com o pai, inválido, para o Egito, a fim de passar os meses de inverno e primavera. Era das que acordam cedo e, antes de eu acordar, se levantou e se juntou ao pai na outra parte do carro.

Quando saí para que o cabineiro pudesse arrumar a cabine, fiquei surpresa com a estranha aparência do interior do carro. Todas as cabeceiras e rodapés laterais foram deixados no lugar, dando a impressão de que o sofá havia sido dividido em uma série de pequenos compartimentos. Alguns passageiros bebiam, outros jogavam cartas, e todos fumavam até o ambiente ficar sufocante. Eu nunca me oponho à fumaça de charuto quando há alguma ventilação, mas quando ela fica tão espessa a ponto de inalarmos apenas fumaça, faço meu protesto. Essa era uma das ocasiões, e eu me pergunto qual seria o resultado em nossa terra de vangloriada liberdade se um vagão Pullman fosse colocado para tais fins. Concluí que é devido a essa liberdade que não sofremos com essas coisas. As mulheres viajantes na América merecem tanta consideração quanto os homens.

Andei pelo vagão espreitando os compartimentos apenas para encontrá-los ocupados por homens de aparência antissocial. Quando cheguei ao meio, minha colega de quarto inglesa, sentada com o pai, me viu e gentilmente pediu para juntar-me a eles.

Lembro-me de seu pai como um homem culto, de mente aberta, com um senso de humor que me ajudou a ouvir com menos pavor a tosse torturante que frequentemente interrompia todas as suas falas e sacudia sua estrutura magra, como se ele estivesse com tremores febris.

— Papai — disse a moça inglesa em uma voz clara e musical —, o clérigo mandou entregar ao senhor seu grande livro de orações, pouco antes de nossa partida, e eu o coloquei na sua bolsa.

— Minha filha é muito atenciosa — disse ele. Então, virando-se para ela, acrescentou, com um sorriso nos olhos: — Por favor, na primeira oportunidade, devolva o livro de orações ao clérigo e diga-lhe, com meus cumprimentos, que não precisava ter tido esse trabalho e que fiquei triste por privá-lo de seu livro por tanto tempo.

O rosto da jovem se fixou em um olhar que expressava desaprovação às palavras de seu pai e uma determinação de não devolver o livro de orações. Ela segurou, apertado contra o peito, o grande livro de orações e, quando seu pai, brincando, disse que ela havia trazido o maior que conseguiu encontrar, que ele considerava um desperdício de valioso espaço, quando ela poderia ter levado um pequeno que teria o mesmo efeito, fiquei realmente surpresa com o aspecto firme e decidido no rosto da moça. Em tudo o mais, ela era a garota mais doce e gentil que eu já conheci, mas sua religião era do tipo rígida e intransigente, que condena tudo, não perdoa nada e jura que os pagãos estão condenados para sempre, porque nasceram sem conhecer a religião de sua crença.

Ela passou a tarde inteira tentando implantar as sementes de sua fé em minha mente, e eu ouvi, pensando se ela não era a Catherine Elsmere[7] original, tão parecida que era com aquela personagem interessante.

Durante o primeiro dia, a comida foi trazida para o trem, de diferentes estações, e o condutor, ou guarda, como o chamavam, servia os passageiros. Um vagão-restaurante foi acoplado à noite, mas fui informada pelas mulheres de que não era exatamente apropriado nós comermos em um carro público com homens, por isso continuamos a ser servidas em nossas cabines de dormir.

Eu poderia ter visto mais da paisagem enquanto viajava pela França se as janelas do vagão estivessem limpas. Pela aparência, julguei que nunca haviam sido lavadas. Não fizemos muitas paradas. O único propósito das paradas era reabastecer de carvão ou água, porque não haveria passageiros para embarcar ou desembarcar entre Calais e Brindisi.

No decorrer da tarde, passamos por montanhas altas e pitorescas cobertas de neve. Descobri que, mesmo com

---

[7] *Personagem da escritora vitoriana Mary Augusta Ward, que publicava como sra. Humphry Ward e notabilizou-se por seu ativismo contra o voto feminino no Reino Unido.*

meu sobretudo e enrolada em uma manta, eu não ficava muito aquecida. Por volta das oito horas da manhã, chegamos a Modena. A bagagem foi examinada lá e todos os passageiros foram avisados com antecedência a fim de se prepararem para descer e destrancar as caixas que lhes pertenciam. O condutor me perguntou várias vezes se eu tinha certeza de que não havia mais do que a maleta comigo, me dizendo ao mesmo tempo que se alguma caixa fosse encontrada trancada, sem dono para abri-las, seriam retidas pelos inspetores alfandegários. Quando ficou parcialmente convencido de que eu não possuía nenhum baú, disse que não era necessário sair com minha bolsa, pois ninguém pensaria que seria necessário examiná-la.

Meia hora depois estávamos na Itália.[8] Estava ansiosa para ver aquela terra soalheira e agradável, mas ainda que eu pressionasse meu rosto contra o vidro coberto de gelo, a noite sombria me negava sequer um vislumbre da ensolarada Itália e de seu povo moreno. Fui dormir cedo. Fazia tanto frio que não conseguia me aquecer fora da cama e não posso dizer que fiquei muito mais quente na cama. Os leitos são equipados apenas com um cobertor cada. Empilhei todas as minhas roupas no leito e passei metade da noite acordada, pensando em como eram sortudos os passageiros da semana anterior. Exatamente no mesmo lugar em que estávamos passando, bandidos italianos haviam atacado o trem e pensei, com uma lamentável inveja, que se os passageiros sentiram a escassez de

---

8   *Modena pertencia ao Reino da Sardenha, fundido ao Reino da Itália em 1861, o que talvez explique porque Nellie fala em chegar à Itália meia hora depois de deixar Modena.*

cobertores, pelo menos tiveram alguma excitação para fazer circular o sangue.

Quando acordei de manhã, puxei apressadamente a cortina da janela e olhei ansiosa para fora. Caí de costas com a surpresa, me perguntando se pela primeira vez na vida cometera um erro e acordara cedo. Eu não conseguia ver mais do que na noite anterior por conta de uma névoa cinza pesada que escondia completamente tudo que estivesse a mais de um metro de distância. Olhando para o relógio, descobri que eram dez horas, então me vesti com alguma pressa, determinada a encontrar o cabineiro e exigir alguma explicação.

— É uma coisa extraordinária — ele me disse. — Eu nunca vi um tal nevoeiro na Itália antes.

Não havia nada mais a fazer do que contar os dias desde que partira de Nova York; subtraindo-os do número de dias que terei que percorrer até retornar. Quando isso ficou monótono, considerei atentamente a conveniência de tentar introduzir uniformes marrons para os funcionários da ferrovia nos Estados Unidos. Pensei com certo enfado sobre o emprego universal de uniformes azul-marinho nos Estados Unidos, e desfrutei os elegantes uniformes marrons iluminados com um toque de trança dourada nos colarinhos e punhos, que adornavam o condutor e o cabineiro do Correio da Índia.

Mas nem mesmo esse assunto preencheria o dia, então comecei a notar a diferença entre os apitos empregados nesses motores e os da minha terra. Não houve um som ensurdecedor e estridente, mas lamentoso, tocado em um tom alto que era realmente muito soprano em comparação com nossos apitos graves.

Notei que na Itália, como em todos os outros países onde encontrei ferrovias, os trens dão partida com a explosão de uma buzina — como aquelas que ocupam lugares conspícuos em campanhas políticas uma vez a cada quatro anos, conseguindo, com a ajuda de ativistas entusiasmados, tornar as noites hediondas por vários meses antes da eleição.

Na maioria dos casos, as buzinas pareciam estar localizadas na estação, mas na França e na Itália ocupavam a plataforma dianteira de um vagão, e notei, com espanto, que as buzinas de estanho estavam acorrentadas aos trens.

Durante todo o dia viajei pela Itália — a Itália ensolarada, beirando o Mar Adriático. O nevoeiro ainda pairava em uma nuvem pesada sobre a terra, e apenas uma vez tive um vislumbre da terra da qual tinha ouvido falar tanto. Era fim da tarde, exatamente na hora do pôr do sol, quando paramos em alguma estação. Saí na plataforma e o nevoeiro pareceu se dissipar por um instante, e vi de um lado uma linda praia e uma plácida baía pontilhada de barcos com velas de formatos esquisitos e cores vivas, que de alguma maneira me pareciam borboletas colossais, atirando-se em busca de mel. A maioria das velas era vermelha e, quando o sol as beijava com calor renovado, pouco antes de nos deixar na escuridão, as velas pareciam como que feitas de fogo brilhante.

Do outro lado do trem podia-se ver uma montanha alta e escarpada. Senti-me tonta só de olhar para as construções brancas encarapitadas. Notei que a estrada que subia sinuosamente a colina fora construída com um muro no lado do oceano; mesmo assim, pensei, não estaria disposta a subir por ela.

Saí por alguns minutos na estação seguinte, onde paramos para jantar. Entrei em um restaurante para dar uma olhada. Era muito elegante e atraente. No momento em que entrei, uma garotinha com grandes e maravilhosos olhos negros e enormes argolas de ouro nas orelhas, correu para mim com a audácia de uma criança. Toquei seus belos cabelos pretos, e então naturalmente procurei algo no meu bolso para dar a ela. Assim que puxei uma grande moeda de cobre — quanto menor o valor de uma moeda, em geral, maior seu tamanho —, um homem baixo com um rosto delicadamente refinado, olhos negros reluzentes, com uma vasta camisa branca onde se destacava uma pedra brilhante, veio e falou com a menininha. Do jeito que ela se afastou de mim, embora já tivesse estendido a mão, na expectativa, eu sabia que ele havia dito a ela para não aceitar nada de mim.

Meu primeiro impulso foi de dizer-lhe uns desaforos, ele que era tão pequeno e insolente! O guarda, vindo a minha procura, nos encontrou nesse momento crítico.

— Você o insultou — ele me disse, como se eu não estivesse consciente disso! — Os italianos são as pessoas mais pobres e orgulhosas do mundo. Eles odeiam os ingleses.

— Eu sou americana — disse sem rodeios e abruptamente. Diante disso, um garçom que estava por perto, aparentemente sem dar ouvidos, mas entendendo cada palavra da mesma maneira, veio e falou comigo em inglês. Decidi então remediar a falha que havia cometido, no entanto tinha uma determinação obstinada de dar a moeda à criança.

— Que belo restaurante — exclamei. — Estou só de passagem, apressada, pela Itália e em meu desejo de ver, julgando pela amostra da boa comida que tive *en route*, como os restaurantes italianos são excelentes. Espero não o ter colocado numa situação inconveniente. Quase me esqueci do restaurante quando vi aquele adorável bebê. Que olhos raros e lindos! Exatamente iguais aos do pai dela, pelo menos julgo pela semelhança dos olhos que ele seja pai dela, embora pareça tão jovem.

O garçom sorriu, fez uma reverência e traduziu. Eu sabia que ele faria isso, e é por isso que eu disse tudo. Então o orgulho do homenzinho se derreteu, e um sorriso substituiu o cenho cerrado. Ele falou com a menininha que veio e apertou minha mão. Eu dei a ela a moeda e nossa paz foi selada. Então o pai trouxe uma garrafa de vinho e, com os sorrisos mais cordiais e as palavras mais amigáveis, implorou que eu aceitasse. Como não pretendia ser superada, disse ao garçom que levaria um pouco de vinho comigo, insisti em pagar por ele e, com alguma reverência e sorrisos doces, nos despedimos, corri atrás do cabineiro até o trem, embarcando no mesmo momento em que a buzina tocou para que continuasse seu caminho.

Chegamos em Brindisi duas horas mais tarde. Quando o trem parou, nosso vagão foi rodeado por homens querendo carregar-nos, assim como nossa bagagem, até os navios. A falta de menção a hotéis me fez acreditar que as pessoas sempre passavam por Brindisi sem parar. Todos os homens falavam inglês muito bem, mas o guarda disse que chamaria uma diligência e escoltaria as inglesas, o homem inválido e sua filha, e eu mesma até nossos navios, e garantia que não seríamos cobrados mais do que a tarifa justa.

Dirigi-me primeiro ao navio com destino a Alexandria, onde me despedi da minha colega de cabine e do pai dela. Então fui em direção ao navio no qual esperava partir.

Desci da carruagem e segui minhas companheiras até a prancha para entrar a bordo. Estava temerosa de encontrar os ingleses com seus tão falados preconceitos, que, sabia, em breve seria obrigada a enfrentar. Esperava sinceramente que todos estivessem na cama. Como já passava de uma da manhã, eu não estava disposta a ter que deparar com eles logo de cara. A multidão de homens no convés dissipou minhas esperanças. Acho que todos os homens a bordo estavam esperando para ver os novos passageiros. Eles devem ter se sentido mal pagos pela perda de sono, pois além dos homens que entraram a bordo, havia apenas as duas grandes inglesas e eu, simples e desinteressante.

Essas mulheres estavam mais desamparadas que eu. Como estavam no meio do próprio povo, esperei que assumissem a liderança, mas depois de um tempo lá paradas ao pé da escada, sendo avaliadas pelos passageiros, e sem ninguém se apresentar para atender as nossas necessidades, que eram poucas e simples, perguntei gentilmente se essa era a maneira usual de receber passageiros em navios ingleses.

— É estranho, muito estranho. Um comissário de bordo, ou alguém da tripulação deveria vir para nos ajudar — foi o que elas conseguiram dizer.

Por fim, um homem desceu, e como ele parecia estar de alguma maneira relacionado ao navio, arrisquei a pará-lo e indagar se era demais perguntar se poderíamos ter um comissário para nos mostrar nossas cabines. Ele disse que deveria haver alguma coisa a respeito e começou a procurar também, vigorosamente. Mesmo isso não fez com que ninguém viesse nos atender, e quando ele saiu para procurar, fui na direção oposta.

Entre a multidão que ali se encontrava havia apenas um homem que se atreveu a falar sem esperar uma apresentação, o que seria considerado em geral mais educado.

— Você encontrará o comissário no escritório, na primeira porta à esquerda, por ali — ele disse; e peguei aquele caminho, seguida pelo guarda do trem.

Sentado no escritório estava o comissário geral e um homem que supus ser o médico. Dei minha passagem e uma carta que recebi no escritório da P. & O., em Londres, para o comissário. Essa carta solicitava que comandantes e comissários de todos os barcos da P. & O. em que eu viajasse me dessem todo o cuidado e atenção que estivessem ao seu alcance.

Depois de ler a carta com displicência, o comissário se virou muito despreocupadamente e me disse o número da minha cabine. Pedi um camareiro que me mostrasse o caminho, mas ele respondeu que não era nada demais, que a cabine estava do lado do porto e, com essas informações escassas, ele rudemente virou as costas e se ocupou com alguns papéis que estavam na mesa diante dele.

O guarda do trem, que ainda estava ao meu lado, disse que me ajudaria a encontrar a cabine. Depois de uma pequena busca, a encontramos. Abri a porta e entrei, e a visão que encontrou meus olhos tanto me divertiu quanto me deixou consternada. Na entrada da porta, duas cabeças cabeludas emergiram de dois beliches inferiores e duas vozes estridentes exclamaram simultaneamente com uma entonação irritada: "Ah!". Olhei para as caixas de chapéus, botas, bolsas de mão, vestidos e o beliche superior que também estava cheio de roupas, e ecoei o "Ah!" em um tom um pouco diferente, e me retirei.

Retornei ao comissário e falei que não dormiria na cama de cima, e que não poderia ocupar uma cabine com outras duas mulheres. Depois de examinar novamente a carta que lhe trouxera, como se ponderando quanta atenção deveria dedicar a ela, me encaminhou para outra cabine. Dessa vez, um camareiro apareceu e assumiu o papel de me escoltar.

Encontrei uma garota bonita naquela cabine, que levantou a cabeça animada e depois me deu um sorriso amigável quando entrei. Larguei minha bolsa e voltei para o guarda que estava esperando para me levar ao telegrafista. Parei para perguntar ao comissário se tinha tempo para uma saída, ao que ele respondeu afirmativamente, com a ressalva: "desde que se apresse". As duas mulheres que viajavam comigo desde Calais já haviam chegado ao escritório do comissário, e ouvi-as dizendo que haviam saído de casa e deixado a bolsa e os bilhetes sobre a mesa da sala de estar — elas saíram tão apressadas!

O guarda me ajudou a descer da prancha e a atravessar várias ruas escuras. Por fim, chegando a um edifício onde uma porta estava aberta, ele parou e eu o segui. A sala na qual paramos era absolutamente desprovida e iluminada por uma lamparina cuja chaminé estava esfumaçada de uma maneira terrível. As únicas coisas na sala eram duas escrivaninhas. Em uma delas havia um pedaço de papel branco diante de um tinteiro antigo e uma caneta muito usada.

Pensei que todos já tivessem se retirado naquela noite, e que o telegrama teria que esperar até eu chegar ao próximo porto, até que o guarda me explicasse que era costume tocar o sino para o operador, que se levantaria para me atender. Para ilustrar, o guarda puxou uma maçaneta perto de uma pequena janela fechada, como um guichê dos correios. O sino fez um barulho bastante alto, e eu começava a perder as esperanças, quando a janela se abriu com um estalo e uma cabeça apareceu na abertura. O guarda falou em italiano, mas, ao me ouvir falar inglês, o operador respondeu no mesmo idioma.

Disse a ele que queria enviar um telegrama para Nova York, e ele me perguntou onde era Nova York! Expliquei da melhor maneira que podia; então ele trouxe vários livros, nos quais primeiro pesquisou, para saber por qual linha ele enviaria a mensagem e, ao encontrar, informou-me quanto custaria. A coisa toda era tão nova e interessante para mim que esqueci por completo a partida do navio até que terminássemos o negócio e voltássemos à rua.

Um apito soou longo em advertência. Olhei para o guarda, o guarda olhou para mim. Estava muito escuro para que víssemos um ao outro, mas sei que nossos rostos eram a figura do desespero. Meu coração parou de bater e pensei com uma emoção semelhante ao terror: meu navio se foi — e com ele meu limitado guarda-roupa!

— Consegue correr? — o guarda me perguntou numa voz abafada. Eu disse que conseguiria, e ele segurou minha mão e começamos a descer as ruas escuras com a velocidade que teria assustado um cervo. Percorremos ruas escuras, passando por vigias atônitos e pedestres noturnos, até que uma curva repentina nos trouxe à vista do navio ainda no porto. O barco para Alexandria tinha partido, mas eu estava a salvo.

CAPÍTULO VI
Uma herdeira americana

Não havia adormecido há muito tempo, assim me pareceu, até que acordei e me vi em pé ao lado do beliche. Foi preciso só um segundo, um olhar para o meu eu encharcado e os sons de vigorosas esfregadas no convés acima para explicar a causa de eu estar fora da cama antes de saber o porquê. Havia dormido com a escotilha da porta aberta, e como minha cama estava logo abaixo dela, recebi toda a força da água da lavagem que caía pelos lados. Consegui abaixar a pesada janela e voltei para a cama, molhada, mas confiante de que não seria pega de novo cochilando nessas circunstâncias.

Eu não havia adormecido há muito tempo quando ouvi uma voz chamando:

— Senhorita, gostaria de seu chá agora?

Abri os olhos e vi o comissário à porta esperando uma resposta. Recusei o chá, assim como fez a garota inglesa no outro lado da cabine, respondendo a seu sorriso radiante com outro, muito cansado, e então fui dormir novamente.

— Senhorita, vai tomar seu banho agora? — uma voz interrompeu meu sono logo depois. Olhei com nojo para uma pequena mulher de touca branca que estava debruçada sobre mim, tentada a dizer que acabara de tomar banho, banho de lavagem, mas pensei melhor antes de falar. Só sei que disse algo sobre "em alguns minutos" e depois caí no sono novamente.

— Bem, a senhorita é uma garota preguiçosa! Perderá seu banho e o café da manhã se não acordar num instante — foi a terceira saudação.

Minha surpresa com a intimidade da observação acabou com o que restava da minha sonolência e pensei: Por tudo o que é mais sagrado, onde estou? Por acaso estou na escola de novo para que uma mulher ouse falar nesse tom comigo? Mantive meus pensamentos comigo e disse rispidamente:

— Em geral acordo quando tenho vontade.

Vi que minha companheira de cabine não estava lá, mas eu ainda estava com sono e decidi dormir; se isso agradava a comissária ou não, pouco me importava. O comissário foi o próximo a aparecer.

— Senhorita, este barco é inspecionado todos os dias e preciso ter a cabine arrumada antes de os inspetores chegarem — reclamou. — O capitão estará aqui pessoalmente.

Não havia nada a fazer senão levantar, e foi o que fiz. Encontrei o caminho para o banheiro, mas logo vi que era impossível ligar a água, pois não entendia o mecanismo da torneira. Perguntei a um comissário que vi do lado de fora da porta sobre o paradeiro da comissária, e fiquei simplesmente surpresa quando ele respondeu:

— A comissária está descansando e não pode ser perturbada.

Depois de me vestir, zanzei pelo convés acima e me disseram que o café da manhã havia acabado há muito tempo. Dei meia-volta e o primeiro vislumbre foi dos passageiros preguiçosos em suas roupas de verão, descansando em posições confortáveis ou passeando lentamente pelo convés, que estava protegido do calor do sol por uma longa faixa de toldos; a água macia e aveludada, a mais azul que eu já havia visto, marulhando suavemente contra a lateral do navio enquanto este quase imperceptivelmente seguia seu curso; e o ar agradável, suave como uma pétala de rosa, tão doce quanto se sonha, mas raramente encontra. Parada ali sozinha entre pessoas estranhas, em águas estranhas, pensei em como a vida é doce!

Antes que se passasse uma hora, conheci diversas pessoas. Pensei e esperei que os passageiros ingleses se mantivessem distantes de uma garota viajando sozinha, mas minha companheira de cabine me viu antes de eu me afastar da porta, e veio em minha direção perguntar se queria me juntar a ela e seus amigos. Primeiro, fizemos uma busca divertida por uma espreguiçadeira, que eu havia dito ao guarda para comprar em Brindisi e enviar antes de nossa partida. Havia mais de trezentos passageiros no navio, e suponho que eles calculassem a média de uma cadeira para cada um, então é fácil imaginar o problema que seria encontrar uma cadeira naquele número. Perguntei onde estavam os comissários de bordo quando finalmente entendi que a busca era inútil, e fiquei surpresa ao saber que um comissário de bordo era uma comodidade desconhecida na linha P. & O.

— Presumo que o contramestre seja o encarregado do convés — concluiu minha companheira —, mas espera-se que cuidemos de nossas cadeiras e esteiras e, se não o fizermos, é inútil perguntar a eles se desapareceram.

Um pouco antes do meio-dia, travei conhecimento com um inglês que pertence à administração pública em Calcutá. Ele vive na Índia há pelo menos vinte anos, tempo no qual tem visitado repetidamente a Inglaterra, então essa viagem era uma velha conhecida para ele. Ele tem feito a mesma viagem de Calais no Correio da Índia como eu fiz, e disse que reparou em mim no trem. Ao saber que eu estava viajando sozinha, dedicou a maior parte do tempo cuidando do meu conforto e prazer.

A corneta tocou anunciando a refeição, chamada pelo nome indiano de *tiffin* nos navios que percorrem os mares orientais. O inglês me perguntou se eu iria com ele ao *tiffin*, e como eu ficara sem o café da manhã, estava mais do que ansiosa para ir na primeira oportunidade. O refeitório ficava no segundo convés. É uma sala pequena, bem decorada com plantas tropicais e me pareceu bastante aconchegante e bonita, mas não havia sido feita para acomodar um navio carregando não mais do que 75 passageiros de primeira classe. O *maître*, que ficava à porta, olhou inexpressivamente para nós quando entramos. Hesitei, naturalmente pensando que ele nos mostraria alguma mesa, mas como não o fez, sugeri ao cavalheiro comigo que ele perguntasse antes que tomássemos nossos lugares.

— Sentem onde quiserem — foi a resposta educada que recebemos, então sentamos à mesa mais próxima de nós.

Havíamos acabado de ser servidos, quando quatro mulheres com idades variando entre 24 e 35 anos entraram, e com bufadas indignadas de surpresa, sentaram-se à mesma mesa. Em seguida veio uma mulher baixa e gorda, com um andar arrastado e um ar de garantia e satisfação, que nos olhou de maneira arrogante, e então voltou-se para as outras com ar de dignidade ferida —ela era bastante hilária. Depois apareceram dois homens, e como só havia lugares para sete à mesa, o homem mais velho foi embora. Duas das garotas se sentaram num sofá no fim da mesa, abrindo espaço para o jovem. Então nos fizeram sofrer. Todos os tipos de comentários rudes foram feitos sobre nós. "Não odeiam as pessoas que sentam a sua mesa?"; "pena que papai foi roubado de seu lugar"; "vergonha as pessoas serem impedidas de sentar-se à própria mesa", e discursos igualmente agradáveis foram lançados para nós. A jovem que se sentou à esquerda não se contentou em conter a rudeza de sua língua, mas encostou repetidamente no meu prato, escovando minha comida com as mangas dela, sem uma palavra de desculpas. Confesso que nunca tive uma refeição mais desagradável. A princípio, pensei que essa grosseria se devia ao fato de eu ser americana e que eles agiam dessa maneira para demonstrar seu ódio por todos os americanos. Ainda assim, eu não conseguia entender por que eles deveriam submeter um inglês ao mesmo tratamento, a menos que fosse porque ele estava comigo. As experiências posteriores me mostraram que minha primeira conclusão estava errada. Eu não fui insultada por ser americana, mas porque as pessoas eram simplesmente mal-educadas. Quando a refeição chegou, descobrimos que estávamos impedidos de entrar na sala de jantar. Os passageiros que haviam embarcado em Londres tinham a preferência, e como não havia acomodações para todos, os que embarcaram em Brindisi tiveram que esperar pelo segundo jantar.

Nunca nos damos conta, até que temos que enfrentar tais contingências, do papel importante que o jantar desempenha na vida de alguém. Eram nove horas da noite quando a sala de jantar foi esvaziada e os passageiros de

Brindisi foram autorizados a tomar seus lugares à mesa. E não havia muito o que "tomar". Tudo o que foi trazido para nós foi a sobra do primeiro jantar — sopa fria, restos de peixe, pedaços de bife e aves —, tudo de pior qualidade até que finalmente chegou o café frio! Esperava que a comida no Correio da Índia não fosse lá tão boa, mas minha experiência no vapor Victoria da P. & O. me fez concluir que poderia ser pior ainda.

Um murmurinho de reclamação subiu entre os passageiros do último jantar. Eles queriam levantar um protesto para levar até o capitão, mas me recusei a tomar parte, e muitos dos mais conservadores seguiram meu exemplo.

As duas mulheres que mencionei, que viajaram no Correio da Índia até Brindisi, foram tratadas de maneira ainda pior que eu. Quando fomos perguntar, nos informaram que somente no jantar os lugares eram reservados, mas que no café da manhã e no *tiffin*, era servido quem chegasse primeiro. De posse dessa informação, foram cedo ao *tiffin* na manhã seguinte, e um jovem que se sentou na cabeceira de uma mesa vazia disse a elas quando se sentaram:

— Não podem se sentar aqui. Reservei aqueles lugares para alguns amigos.

Foram para outra mesa e, depois de se sentarem, foram intimadas por alguns que chegavam atrasados a se levantar e lhes dar os lugares. A mulher chorou amarguradamente por isso.

— Sou uma avó, e esta é a sexta viagem que faço até a Austrália, e nunca fui tratada tão mal em toda minha vida.

Há circunstâncias nas quais uma viagem pelo Mediterrâneo seria como um sonho paradisíaco — se alguém estivesse apaixonado, por exemplo, pois dizem que as pessoas apaixonadas não comem. Fora a comida, a viagem é perfeita. Provavelmente, é a esperança de encontrar algo que os distraia do vazio no estômago que faz do amor o principal assunto nos navios da P. & O. Aos viajantes que desejarem ser tratados com cortesia e providos com boa comida, recomendo não embarcarem no Victoria.

Fala-se muito e faz-se pouco nesse navio. A insolência e a grosseria dos empregados nos Estados Unidos são piadas recorrentes, mas se os empregados no Victoria são uma amostra dos funcionários ingleses, sou grata por manter aqueles que temos, tais como são. Pedi à comissária de bordo que ajudasse uma mulher, que parecia estar morrendo de tuberculose, no convés com suas esteiras, apenas para receber como resposta que ela não ajudaria ninguém, a menos que a própria pessoa viesse e pedisse.

Ouvi-a dizer, um dia, a uma passageira, que ela não acreditava ser doença, mas mera preguiça o que afligia a mulher. Se alguma reclamação fosse feita sobre a conduta dos empregados, eles sempre respondiam com a declaração de que os empregados trabalhavam há muito tempo na empresa e teriam, por isso, privilégios.

O comandante do navio serve como um exemplo dessa descortesia. Um cavalheiro espanhol de alta posição que estava viajando para a China, onde representava seu país no serviço diplomático, também embarcou em Brindisi. Ele achava que seu primeiro dever seria apresentar-se ao capitão encarregado do navio, então pediu a alguém que lhe indicasse o capitão. Isso foi feito no convés. Ele caminhou até o capitão e, com uma inclinação de cabeça, chapéu na mão, pediu licença e disse que era o *chargé d'affaires* do governo da Espanha na China e no Sião, e desejava prestar seu dever e respeito ao capitão do barco em que estava viajando. O capitão olhou furioso depois que ele terminou, e então perguntou rudemente:

— Bem, e daí?

O espanhol ficou sem palavras por um momento, mas recobrando-se, disse educadamente:

— Peço desculpas, pensei que estava me dirigindo a um cavalheiro e ao capitão deste navio. — Voltando-se, ele foi embora, e nunca mais se falaram depois disso.

Embora eu tivesse trazido uma carta ao capitão, ele nunca reparou em mim. Um garoto alegre e de rosto brilhante, que estava indo para Hong Kong a fim de trabalhar no banco do tio, trouxe uma carta ao capitão. Ele se apresentou um dia no convés, mantendo-se a meio metro do capitão, para que o capitão tivesse tempo de ler e cumprimentá-lo. O capitão leu a carta, dobrou-a cuidadosamente, colocou em seu bolso e foi embora! Ele nunca falou com o rapaz depois disso, e o rapaz teve o cuidado de não lhe dar oportunidades para tanto. O capitão também tinha uma língua afiada para a fofoca. Toda hora ouvia uma história não edificante sobre qualquer dos passageiros, e se eu perguntasse sua origem, a resposta seria sempre que o capitão dissera a alguém.

A despeito dessas desagradáveis ninharias, foi um tempo muito feliz que passei naquelas águas agradáveis. Os conveses estavam cheios o dia todo, e quando as luzes se apagavam à noite, os passageiros voltavam relutantemente para as cabines. Os passageiros formavam dois grupos cujo contraste era impressionante. Havia algumas das pessoas mais refinadas e amáveis a bordo, e alguns dos mais mal-educados e rudes. A maior parte das mulheres que conheci desejavam muito saber sobre as mulheres nos Estados Unidos, e frequentemente expressavam sua admiração pela liberdade das americanas; muitos chegavam a me invejar, enquanto admiravam minha felicidade irrestrita. Duas escocesas espertas que conheci estavam dando a volta ao mundo, mas levando dois anos para isso. Uma irlandesa, com uma risada que rivalizava com a face em doçura, viajava sozinha para a Austrália. Minha companheira de cabine tinha por destino a Nova Zelândia, mas ela estava acompanhada do irmão, um jovem inglês agradável, que insistiu em renunciar, em meu favor, a seu lugar no primeiro jantar e que se afastou apesar de meus protestos e minha determinação em não o privar de um jantar quente.

Durante o dia, os homens jogavam críquete e argolas. Algumas vezes, às tardes, havia cantoria; e em outras, íamos ao convés da segunda classe e ouvíamos a melhor música vinda dos passageiros de lá. Quando não havia cadeiras, sentávamo-nos no convés, e não me lembro de nada mais agradável do que essas pequenas visitas. Havia uma garotinha com um rosto pálido e delgado, a qual todos nós amávamos, embora nunca tenhamos falado com ela. Ela cantava com uma voz doce e comovente uma pequena melodia sobre "Quem vai comprar meus arenques de prata?". Até onde sei, se ela tentasse vender algum, todos nós teríamos comprado. O melhor que podíamos fazer era juntar-nos a ela no refrão, o que fizemos com o maior entusiasmo.

Melhor do que tudo para mim, era sentar-me em um canto escuro no convés, acima de onde os marinheiros comiam, e ouvir os sons de um tambor e um canto musical estranho que sempre acompanhava o jantar. Os marinheiros eram *lascars*.⁹ Não eram interessantes de se olhar e, sem dúvida, se eu pudesse vê-los e ouvi-los jantando, isso teria perdido seu charme para mim. Eles eram os marinheiros mais desarrumados que eu já vi. Sobre um par de calças de musselina brancas, eles usavam uma longa bata de musselina muito parecida com as camisolas dos velhos tempos. Amarravam na cintura um lenço colorido, e na cabeça usavam turbantes de tons alegres, que nada mais eram que uma coroa de palha com um pedaço de pano brilhante em forma de cachecol, geralmente com um metro e oitenta de comprimento, enrolado na cabeça. Seus pés castanhos estão sempre nus. Eles cantam, como todos os marinheiros, ao içar velas, mas em geral têm uma aparência taciturna, galgando os mastros com a agilidade de macacos.

Ocasionalmente, dançávamos no convés com a pior música que já tive o infortúnio de ouvir. Os membros da banda também lavavam a louça, e, embora eu não pudesse culpar os passageiros que sempre desapareciam com a chegada dos músicos (?), ainda assim sentia pena deles; era ridículo e patético que exigissem deles que cultivassem duas artes tão desarmônicas! Um dos oficiais me disse que a banda que eles tinham antes era obrigada a esfregar os conveses, e suas mãos ficaram tão ásperas com o trabalho que lhes era impossível ocupar por mais tempo o papel dos músicos, então eles foram dispensados e a nova banda passou a lavar pratos, mas não o convés.

Quando entrei no barco em Brindisi, o comissário de bordo me deu alguns telegramas que me haviam sido

---

9   *Marinheiros indianos.*

enviados, aos cuidados do Victoria. Depois de termos partido há vários dias, uma jovem veio até mim com um telegrama não lacrado e perguntou se eu era Nellie Bly. Ao responder que sim, ela me disse que o comissário dera o telegrama a algum passageiro no dia anterior, pois ele não sabia quem era Nellie Bly, e depois de dois dias viajando entre eles, chegou até mim.

Não se passaram muitos dias desde que eu embarcara no Victoria até que alguém, que depois se tornou meu amigo, me disse que havia rumores a bordo de que eu seria uma herdeira americana excêntrica, viajando com uma escova de cabelo e um talão de cheques. Julguei que parte da atenção que estava recebendo se devia ao rumor de que eu seria rica. Achei conveniente, mais tarde, corrigir a informação quando um jovem me procurou para dizer que eu era o tipo de garota que ele gostava, e já que ele era o segundo filho e seu irmão receberia tanto o dinheiro quanto o título de nobreza, sua única ambição era encontrar uma esposa que lhe garantisse mil libras por ano.

Havia outro jovem a bordo que era um personagem único e muito mais interessante para mim. Disse-me que viajava constantemente desde os nove anos de idade, e que havia sempre reprimido o desejo de amar e se casar porque nunca esperou encontrar uma mulher que pudesse viajar sem um grande número de baús e embrulhos. Notei que ele se vestia de modo bem requintado e trocava de roupa ao mínimo três vezes ao dia, então fiquei curiosa a ponto de ousar perguntar quantos baús ele carregava consigo.

— Dezenove — foi a resposta espantosa. Já não estranhei mais ele querer uma esposa que viajasse com pouca bagagem.

CAPÍTULO VII
Dois lindos olhos negros

Já era de tarde quando o *Victoria* ancorou em Porto Saíde. Estávamos todos no convés ansiando pela primeira visão de terra, e ainda que essa visão nos mostrasse uma ampla praia de areia e algumas casas brancas sem graça de dois andares com fachadas em arcos, isso em nada diminuiu nosso desejo de desembarcar. Suponho que, diante das circunstâncias, sentiríamos a mesma coisa se Porto Saíde fosse o lugar mais desolado da Terra. Eu sei que todos estavam levemente cansados, embora negassem veementemente para os companheiros, e recebemos de bom grado a mudança de ficarmos algumas horas em terra, onde pelo menos poderíamos ver novos rostos. Uma razão mais urgente ainda para nossa ida à terra, era o fato de que era um porto para abastecimento de carvão do *Victoria*, e nunca vi nada que me demonstrasse mais rapidamente que há coisas na vida piores que a morte, se é que posso usar essa expressão, que ter que ficar a bordo do navio durante a operação de carregamento de carvão.

Antes de o barco ancorar, os homens armaram-se com bengalas, para manter longe os pedintes, conforme disseram; e as mulheres carregaram sombrinhas com o mesmo propósito. Eu não tinha nem bengala nem sombrinha comigo, e recusei todas as que me ofereceram para a ocasião por ter uma ideia, provavelmente errada, de que uma bengalada faz mais feia a pessoa que a dá do que a que a recebe.

Mal a âncora afundou, o navio foi cercado por uma frota de pequenos barcos, guiados por árabes seminus, lutando, agarrando, puxando, gritando em sua louca pressa de serem os primeiros. Nunca na minha vida vi tal demonstração de ganância voraz pelos poucos centavos que esperavam ganhar levando os passageiros para terra. Alguns barqueiros chegavam a empurrar outros para fora de seus barcos e os jogavam na água num esforço frenético de roubar os lugares uns dos outros. Quando a escada do navio foi lançada, muitos entre eles a agarraram como se fosse questão de vida ou morte, e lá se prenderam até que o capitão fosse obrigado a mandar os marinheiros baterem nos árabes para que saíssem, o que fizeram com bastões compridos, antes que os passageiros ousassem dar um passo adiante. Essa terrível exibição me fez sentir que provavelmente haveria alguma justificativa para alguém se armar com um bastão.

Nosso grupo foi o primeiro a descer pela escada até os botes. Era nosso desejo e nossa intenção irmos juntos à costa, mas quando pusemos os pés no primeiro bote, alguns foram pegos por barqueiros rivais e literalmente arrastados para outros barcos. Os homens do grupo usaram seus bastões vigorosamente, tudo em vão, e embora pensasse que a conduta dos árabes justificava esse tipo de tratamento ríspido, ainda assim, lamentava ver aqueles negros miseráveis e seminus sendo espancados tão livremente e de maneira tão excessiva. Fiquei admirada com a obstinação deles, mesmo enquanto se encolhiam sob os golpes. Como nosso grupo havia se dividido, não havia nada a fazer sob tais circunstância a não ser desembarcar e nos reunir na costa, então pedi aos árabes que fossem em frente. No meio do caminho entre o Victoria e a costa, os barqueiros pararam e exigiram o pagamento deles num inglês simples e enérgico. Estávamos completamente à mercê deles, pois eles não nos levariam à terra até pagarmos o que eles pediram. Um dos árabes me disse que tinham muitos anos de experiência em lidar com os ingleses e seus bastões, e aprenderam a duras penas que se eles desembarcassem um inglês antes de ele pagar, receberiam, por seu trabalho, uma bengalada.

Subindo a praia, afundando profundamente o tornozelo na areia a cada pisada, chegamos à rua principal. Quase instantaneamente fomos cercados por garotos árabes que imploraram para que déssemos uma volta nos burros que esperavam pacientemente ao lado deles. Havia burros de todas as cores, tamanhos e formas, e os garotos gritavam, suplicantes: "Este é o Gladstone! Deem uma volta; vejam os dois bonitos olhos negros de Gladstone".

Eles gritavam de uma maneira tão suave e lamentosa que sentíamos que os "dois lindos olhos negros" tornavam os animais irresistíveis.

Se alguém tivesse uma crença política diferente e se opusesse a montar Gladstone,[10] por assim dizer, seria possível escolher quase qualquer nome conhecido, se não

---

10 *(William Ewart) Gladstone, primeiro-ministro britânico à época.*

popular. Havia a sra. Maybrick,[11] Mary Anderson,[12] Lillie Langtry[13] e todos os homens de destaque da época.

Eu sabia tudo sobre burros, havia vivido por algum tempo no México, mas para muitos passageiros era uma grande novidade, quase todos eles estavam ansiosos por dar uma volta antes de retornar ao barco. Assim, todos os que conseguiram encontrar animais para dar uma volta, montaram e passearam por aquela pitoresca cidade adormecida, gritando de tanto rir, quicando como bolas de borracha em suas selas, enquanto garotos árabes seminus incitavam os burros por assobios curtos e urgentes, e cutucando-os por trás com uma vara afiada.

Depois de ver uns cinquenta de nossos passageiros começarem desta maneira alegre, fomos, em um grupo menor, a uma casa de apostas, e em pouco tempo estávamos afundados no esporte de colocar nosso ouro inglês em cores e números e esperar ansiosamente a roleta parar de rodar para que o dinheiro fosse varrido da mesa pelo crupiê. Acho que nenhum de nós sabia muito sobre o jogo, mas displicentemente colocávamos o dinheiro sobre a mesa e ríamos quando ele ia embora.

Havia outra atração nesse lugar que ajudou a conquistar vários jovens daquela mesa muito dispendiosa. Era uma orquestra composta por mulheres jovens, algumas

---

[11] *Florence Maybrick, norte-americana, foi condenada no ano anterior por ter assassinado seu marido com veneno.*

[12] *Mary Anderson, norte-americana, foi, entre outras coisas, inventora do limpador de para-brisa.*

[13] *Lillie Langtry, anglo-americana, era atriz, socialite e suposta amante do príncipe de Gales.*

das quais bastante agradáveis, tanto na aparência quanto nos modos.

Quanto mais tempo ficávamos na casa de jogo, menos dinheiro tínhamos para gastar nas lojas. Desembarquei com a determinação de não comprar nada, pois estava muito preocupada em não aumentar minha bagagem. Resisti aos laços tentadores oferecidos a preços maravilhosamente baixos, às pitorescas curiosidades egípcias e consegui me contentar em comprar um chapéu, como todo mundo, e um lenço para amarrá-lo como um turbante, como é habitual no Oriente.

Tendo comprado um chapéu e visto tudo o que me interessava nas lojas, dei uma volta com alguns amigos regalando meus olhos com o que para mim eram peculiaridades de um povo. Vi casas antigas com fachadas de madeira esculpida que valeriam uma fortuna nos Estados Unidos ocupadas por inquilinos que eram inconfundivelmente pobres. Os nativos estavam aparentemente tão acostumados a estrangeiros que atraímos muito pouca atenção, se é que alguma, exceto daqueles que esperavam ganhar algo com nossa visita. Sem sermos molestados, descobrimos que não havia razões para usar bastões nos nativos. Vimos um grande número de mendigos que, fiéis ao seu ofício, choramingavam, com as mãos estendidas, seus apelos melancólicos, mas não eram tão intrusivos ou insistentes a ponto de termos que lhes dar bengaladas em vez de esmola. A maioria deles apresentava formas tão repulsivas de miséria que, em vez de apelar à minha natureza solidária, como acontece geralmente, tiveram um efeito endurecedor sobre mim. Eles pareciam impelir suas deformidades em nossos rostos, a fim de nos obrigar a dar dinheiro para comprar a ausência deles da nossa vista.

Enquanto prestava atenção num cortejo de camelos que acabara de chegar carregado de lenha, vi algumas mulheres egípcias. Elas eram pequenas em estatura e trajadas em vestidos pretos disformes. Sobre o rosto, começando logo abaixo dos olhos, usavam véus pretos que caíam quase até os joelhos. Como se temessem que o véu por si só não destruísse toda a particularidade de suas feições, elas usam algo que atravessa o rosto entre os cabelos e o véu pela linha do nariz. Em alguns casos, isso parece ser de ouro e, em outros, é composto de algum material preto. Uma mulher egípcia carregava um bebê nu com ela. Ela o segurou nos quadris, suas perninhas negras agarradas à cintura, muito parecido a um garoto subindo em um poste.

Na praia, deparamos com um grupo de homens nus agrupados em torno de um crocodilo que haviam capturado. Estava firmemente preso a uma corda atada, cuja ponta era segurada por cerca de meia dúzia de camaradas negros. Carregadores públicos de água, com odres de peles de cabra bem cheios, jogados nas costas, foi o que vimos caminhando para a cidade na última jornada daquele dia.

A escuridão caiu repentinamente e nos mandou correndo para o navio. Dessa vez, vimos que o barqueiro não permitiria nem que entrássemos nos barcos até que pagássemos para atravessarmos até o Victoria. O preço agora era o dobro do que haviam nos cobrado para trazer-nos à costa. Protestamos, mas disseram que era lei cobrar o dobro do preço depois do pôr do sol.

Estavam acabando de carregar o carvão quando alcançamos o navio. A visão que capturamos das barcaças de carvão, iluminadas por coisas que cuspiam e gotejavam, carregadas em gaiolas de ferro no fim de longas varas, que mostravam as pessoas nuas correndo, com sacos de carvão, subindo uma prancha íngreme, entre as barcaças e o navio, foi algo que lembraria por muito tempo. Não trabalhavam em silêncio. A julgar pelo barulho, cada um deles estava gritando algo que agradava suas vontades e seu humor.

Na manhã seguinte, acordei mais cedo que o usual, tão ansiosa estava para ver o famoso Canal de Suez. Ao subir correndo o convés, vi que estávamos passando pelo que parecia ser um enorme dique, cercado em cada lado por margens altas de areia. Parecia que estávamos nos movendo lentamente, o que nos fez sentir o calor intenso. Disseram-me que, de acordo com a lei, um navio não pode atravessar o canal a uma velocidade superior a cinco nós, porque uma passagem rápida do navio provocaria uma forte corrente que assorearia as margens de areia. Um cavalheiro, que havia viajado a vida toda, nos ajudou a passar algumas das horas tediosas e sufocantes do canal, contando a história por trás disso.

O canal começou a ser construído em 1859 e levou dez anos para ser concluído. Estima-se que o trabalho tenha custado aproximadamente £18.250,000, embora os negros pobres empregados no trabalho tenham recebido os salários mais baixos possíveis. Afirma-se que a vida de 100 mil trabalhadores foi sacrificada na construção deste canal, que tem menos de 200 quilômetros de comprimento.

Assim que foi concluída, a largura da superfície do canal era de cem metros, mas o constante fluxo de água nas margens a reduziu a sessenta. Diz-se que a calha tem

22 metros de largura e a profundidade é de apenas oito metros. A viagem pelo canal pode levar de 20 a 24 horas.

Por volta das doze horas do nosso primeiro dia no canal, ancoramos na baía em frente a Ismaília. Aqui, passageiros embarcaram, o que nos deu tempo para ver o palácio do quediva, que é construído um pouco afastado da praia, no coração de uma linda floresta verde. Continuando a jornada pelo canal, vimos pouco de interessante. As placas de sinalização eram os únicos pontos verdes que chamavam atenção, mas eram a prova do que poderia ser feito, mesmo nesse deserto arenoso, com o emprego de tempo e de energia.

A única coisa que animava essa viagem era o aparecimento de árabes nus, que ocasionalmente corriam pelas margens do canal, gritando em tom lamentoso, "baksheesh". Entendemos que isso significava dinheiro, que muitos passageiros de bom coração jogavam para eles, mas os pedintes nunca pareciam encontrá-los e continuavam atrás de nós, ainda gritando "baksheesh" até que estivessem exaustos.[14]

Passamos por vários navios no canal. Em geral, os passageiros chamavam os outros nos navios próximos, mas a conversação era limitada principalmente a perguntar como tinha sido a viagem deles. Vimos em um lugar no canal muitos árabes, tanto homens quanto mulheres, a trabalhar. Entre eles havia camelos empregados para carregar pedras com as quais os trabalhadores se esforçavam em proteger as margens.

---

14 Baksheesh, بقشيش: "caridade", apelo a um dos pilares do islamismo, o zakat (a doação de esmolas aos necessitados).

À noite, o barco pendurou uma luz elétrica na frente e, com o auxílio dessa luz, movendo-a de um lado para o outro, conseguimos continuar o caminho. Antes da introdução de holofotes elétricos com esse objetivo, as embarcações eram sempre obrigadas a ficar ancoradas no canal por toda a noite, por causa do grande perigo de se bater contra os bancos de areia. Além de prolongar a viagem, essa parada contribuía em muito para o desconforto dos passageiros, que descobriram que mesmo o movimento lento do barco ajudava, em certa medida, a diminuir o calor sufocante que parecia emanar dos bancos de areia durante a noite, assim como quando o sol escaldante brilhava no céu sem nuvens.

Quando se aproximava o fim do canal, vimos vários acampamentos árabes. Eram tanto pitorescos quanto interessantes. Primeiro notamos um pequeno fogo vermelho, e entre esse fogo e nós podíamos ver os contornos de pessoas e camelos em repouso. Em um acampamento, ouvimos música, mas nos outros, vimos as pessoas trabalhando sobre o fogo, como se estivessem preparando o jantar, ou sentadas, agachando-se em companhia de seus camelos.

Logo depois disso, lançamos âncora no Golfo de Suez. Mal tínhamos ancorado, o navio foi cercado por muitos pequenos barcos a vela que, na semiescuridão, com suas velas brancas diante da brisa, me fizeram pensar em mariposas em volta da luz, tanto pela aparência branca e alada quanto pela rapidez com que numerosos deles deslizavam em nossa direção. Esses barcos a vela estavam cheios de homens com frutas nativas, fotografias e conchas deslumbrantes para vender. Todos vieram a bordo e entre eles havia vários malabaristas. Os passageiros se interessavam muito pouco pelos vendedores, mas todos desejavam ver o que os malabaristas tinham para oferecer. Entre eles, havia um homem negro, vestindo pouco mais que uma faixa, um turbante e uma bolsa larga, em cujo forro levava dois lagartos e um pequeno coelho. Ele estava muito ansioso para nos mostrar seus truques e conseguir dinheiro por eles. Ele se recusou, no entanto, a fazer qualquer coisa com o coelho e os lagartos até que tivesse nos mostrado o que poderia fazer com um lenço e alguns braceletes que trouxera para essa finalidade. Fui selecionada entre a multidão para segurar o lenço, que ele primeiro sacudiu como se nos mostrasse que não continha nada. Ele então nos mostrou um pequeno bracelete de latão e fingiu colocá-lo no lenço, em seguida, colocou o lenço em minha mão, me dizendo para segurá-lo com força. Fiz isso, sentindo claramente a presença do bracelete. Ele soprou e puxou o lenço, sacudindo-o. Para a surpresa da multidão, o bracelete se fora. Enquanto isso se passava, alguns dos passageiros roubaram o coelho do malabarista, e um dos lagartos se retirou silenciosamente para algum lugar isolado. O homem ficou muito aflito com o sumiço dos animais e se recusou a fazer mais truques até que eles fossem encontrados. Por fim, um jovem tirou o coelho do bolso e o devolveu ao malabarista, para sua grande satisfação. O lagarto não foi encontrado e, como estava na hora de o navio partir, o malabarista foi forçado a retornar ao barco. Depois que ele se foi, várias pessoas vieram até mim para saber se eu tinha alguma ideia de como o truque com o lenço havia sido feito. Expliquei que era um truque antigo e muito simples: o homem tinha um bracelete costurado no lenço e o outro, que ele mostrou ao povo, ele removia discretamente da vista. É claro que quem segurava o lenço segurava o bracelete, mas quando o ilusionista arrancava o lenço da mão e sacudia-o, à vista do público, o bracelete estando costurado no lenço naturalmente não caía, e ele o mantinha cuidadosamente no lado ao qual o bracelete estava virada para si mesmo, conseguindo enganar sua plateia. Um dos homens que ouviu essa explicação ficou muito indignado e quis saber por que eu não havia desmascarado o homem. Eu apenas expliquei que queria ver o malabarista ganhar seu dinheiro, para grande desgosto do inglês.

O ponto em que ancoramos em Suez seria, segundo alguns, o lugar histórico onde os israelitas cruzaram o Mar Vermelho. Aqueles que se preocupam muito com fatos, figuras e história antiga compraram imagens mostrando que, em certos estágios da maré, as pessoas, mesmo nos dias de hoje, podem andar, com a água nas canelas, sem arriscar a vida ou o conforto. Na manhã seguinte, quando nos levantamos, já não víamos terra e havíamos adentrado o Mar Vermelho. O tempo estava muito quente, mas ainda assim alguns dos passageiros fizeram o possível para animar as coisas a bordo. Uma noite, vários jovens apresentaram um show de *minstrels*.[15] Eles demonstraram energia e perseverança tanto na preparação quanto na execução. Uma extremidade do convés foi reservada para o espetáculo. Um palco foi montado e todo o canto foi cercado por toldos, e a cortina verde habitual foi pendurada no local durante o espetáculo, subindo e baixando a cada novo número.

---

15   *Gênero teatral em que atores brancos pintam o rosco de negro para interpretar canções "negras" e satirizar afro-americanos.*

Os jovens desempenharam seus diferentes papéis de maneira muito louvável, mas como a noite estava terrivelmente quente, os passageiros, sentindo mais calor do que o habitual, devido ao convés ter sido cercado pelos toldos, era difícil despertar qualquer entusiasmo da parte da plateia. Durante o intervalo, todos se retiraram para a sala de jantar a fim de tomar ponche e comer biscoitos, e eu sei que ninguém apreciou os refrescos mais do que os atores, que se juntaram a nós com seus rostos pintados de negro raiados com suor.

Quase chegando ao final, os passageiros já não conseguiam se interessar por nada que não os ajudassem a esquecer o calor. Uns poucos que poderiam cantar, ou imaginavam que poderiam, foram persuadidos a exercitar os órgãos vocais em proveito daqueles que podiam cantar e não o faziam, e daqueles que perceberam que não tinham voz e sabiam que era melhor ficar calados. Em outros momentos, muitos de nós fomos ao convés reservado para os passageiros da segunda classe e desfrutamos os espetáculos que eles prepararam. Quando não havia cadeiras para nós nesse convés, sentávamos no chão, e todos concordavam que os passageiros de primeira classe não seriam capazes de oferecer música melhor que aquela.

Os dias foram passados a maior parte no convés, descansando nas espreguiçadeiras. Notei que ninguém apreciava tanto o conforto como eu. Troquei meu pesado espartilho por um corpete de seda, e então me sentia revigorada, confortável e preguiçosamente feliz. Quando a hora do jantar se aproximava, veríamos uns poucos correndo para se vestir e que, mais tarde, apareceriam em trajes completos, corpete baixo e saias longas, para a diversão daquele grupo de passageiros que sustentava que, decididamente, não era necessário mostrar-se de traje completo em um vapor oceânico.

O traje noturno, feito de linho branco, com o qual os homens jovens no oriente apareciam no jantar, deu-me a impressão de ser não apenas confortável e apropriado, mas decididamente belo e elegante.

É muito raro que os homens não desfrutem mais a vida do que as mulheres, sob as mesmas circunstâncias. Entre o críquete, ao qual estavam apaixonadamente apegados, o jogo de argolas e a sala de fumantes, palco de muitos jogos emocionantes e grandes apostas e, mais tarde, mais ou menos uma hora gasta em um canto escuro do convés, agradando e sendo agradado por alguma companhia simpática do sexo oposto, o repouso forçado era bem prazeroso para os homens.

Estávamos todos muito interessados e preocupados com um pequeno pássaro que havia viajado conosco desde Suez, às vezes voando ao longo do navio, depois descansando no cordame. Era um pássaro bonito, com uma cauda cinza esbelta, um peito prateado e um anel preto em volta da garganta, sendo as costas de um pálido marrom. A princípio, se assustava com facilidade, mas depois de um tempo, tornou-se muito dócil e pousava no convés entre os passageiros, recolhendo as migalhas que jogavam para ele. Além do pássaro, como tema de interesse, tivemos o lagarto que foi deixado para trás pelo malabarista. Foi encontrado em um canto tranquilo do convés pelo contramestre na manhã seguinte à parada em Suez. Um jovem solidário se encarregou dele e se esforçou para alimentá-lo, mas depois de viver em um torpor silencioso por alguns dias, deixou de respirar e sua morte foi anunciada solenemente aos passageiros.

Dizem que o Victoria é o melhor navio da linha P. & O., ainda assim não poderia ser mais inadequado para a viagem. É muito mal planejado, sendo construído de tal maneira que um grande número de cabines no interior fica absolutamente isolado da luz e do ar. É um elogio chamá-las de cabines, pois na verdade nada mais são do que caixas pequenas, escuras, desagradáveis e sem ventilação. Os passageiros pagam todos a mesma tarifa e, se forem alocados em uma dessas caixas indesejáveis, não há como mudar; eles devem simplesmente se curvar diante dos ditames dessa empresa, que se apoia no fato de ser uma antiga linha estabelecida e muito desejável em muitos aspectos, para tratar os passageiros — julgo apenas pelo que vi e ouvi — como se tivessem lhes concedendo um favor quando lhes permitiram pagar pelas passagens para viajar nessa linha. As tarifas para portos utilizados também pelas linhas de navios a vapor rivais são razoáveis, já para os portos onde eles têm o monopólio, as passagens têm taxas exorbitantes. Tenho relatado que a conduta dos oficiais e empregados e a qualidade da comida deixaram muito a desejar.

As noites eram tão quentes no Mar Vermelho que os homens deixavam suas cabines e permaneciam no convés. Geralmente, é habitual que as mulheres durmam no convés, um lado do qual, nesses momentos, é reservado exclusivamente para elas. Durante essa viagem, nenhuma das mulheres teve coragem de dar o exemplo, de modo que os homens tiveram o convés só para eles.

Dormir lá embaixo era mais uma razão pela qual as mulheres acordavam cedo e iam para o convés antes de o sol começar a ferver em busca de um local refrescante onde pudessem respirar ar fresco. A essa hora, os homens costumavam ser vistos andando de pijama, mas não ouvi objeções sendo levantadas até que, para o desgosto das mulheres, o capitão anunciou que os conveses pertenciam aos homens até depois das oito da manhã, e que as mulheres deveriam permanecer embaixo até que desse a hora certa.

Pouco antes de chegarmos a Áden, passamos no mar por uma série de altas montanhas de cor castanha. Elas são conhecidas como os Doze Apóstolos. Logo depois, avistamos Áden. Parecia-nos uma montanha grande e nua, de altura espantosa, mas mesmo com a ajuda de binóculos não conseguimos dizer se era habitada. Pouco depois das onze horas da manhã, ancoramos na baía. Nosso navio logo foi cercado por vários barcos pequenos, que trouxeram para nós vendedores e maravilhosos mergulhadores do Oriente.

Os passageiros foram advertidos pelos oficiais a bordo para não ir à costa de Áden por causa do intenso calor. Então as mulheres passaram tempo barganhando com os judeus que vieram até o navio para vender plumas de avestruz e boás de pena. Os homens as ajudaram a negociar com os vendedores — sempre com a vantagem para os vendedores, por mais que esses homens possam se vangloriar do contrário.

Em companhia de alguns poucos dos mais destemidos, decidi enfrentar o calor e ir à costa para ver o que Áden tinha a oferecer.

CAPÍTULO VIII
De Áden a Colombo

Contratando um barco grande, fui a terra firme com meia dúzia de conhecidos que achavam que poderiam se arriscar ao sol. Os quatro remadores eram uns camaradas negros de braços finos, mas de muita força e incansável bom humor. Eles tinham, como todos os habitantes de Áden, os dentes mais brancos de qualquer mortal. Isso pode ser devido ao cuidado que mantinham e a maneira de cuidar. De algum lugar, sou incapaz de indicar onde, pois não consegui nada que fosse vivo crescendo em Áden, eles pegavam galhos de uma árvore, com uma madeira macia e fibrosa, e cortavam em pedaços de uns dez centímetros de comprimento. Com uma ponta desse palito, a casca desbastada, esfregavam e poliam seus dentes até que eles ficassem perfeitamente brancos. A madeira transformava-se em uma pasta macia, e como se pode comprar uma dúzia de palitos por um centavo, pode-se dar ao luxo de jogar fora o palito depois de usar uma vez, ainda que, se necessário, um palito possa ser usado várias vezes. Comprei vários palitos e achei que eles foram as mais eficientes e mais agradáveis escovas de dentes que já experimentei. Senti um pesar por nenhuma companhia empreendedora ter pensado em importar esse tão útil pedacinho de madeira para substituir a escova abrasadora de dentes usada nos Estados Unidos.[16]

O homem encarregado do barco que nos levou para terra era um camarada negro baixo e com as pernas mais finas que já vi. De alguma maneira, elas me lembravam arenques defumados de tão negras, lisas e secas. Ele era muito alegre apesar da falta de peso. Em volta do pescoço e sobre o tórax nu havia cordões entrelaçados de contas pretas, douradas e prateadas; da cintura, uma faixa muito colorida; e nos braços e tornozelos havia pesados braceletes, enquanto os dedos das mãos e dos pés pareciam rivalizar entre si na quantidade dos anéis. Ele falava inglês muito bem, e em resposta a minha pergunta bastante impertinente sobre o número de pessoas da sua família, me disse que tinha três esposas e onze filhos, número que, acrescentou devotamente, esperava aumentar, pela graça do poder de sua fé.

Seu cabelo era amarelo, o que, somado ao traje muito leve de joias e faixa, conferia-lhe uma aparência curiosa. O cabelo amarelo brilhante e a pele preta formavam um contraste que era mais surpreendente que os olhos pretos e cabelos amarelos que deixaram atônitos o público americano alguns anos atrás, mas tem se tornado desde então uma visão antiga e repetitiva. Alguns dos barqueiros tinham sua cabeleira preta emplastrada e escondida sob uma pasta de cal. Fiquei muito curiosa até o primeiro homem explicar que eles estavam apenas descolorindo os cabelos, o que era feito cobrindo a cabeça com cal, que,

---

16   Siwāk, *ou* miswāk.

a permanecer por vários dias, exposto ao sol quente e à água, tornava os cabelos amarelos ou ruivos ao término desse período. Essa mania de descolorir, ele também me informou, estava restrita aos homens de Áden. Até então nenhuma das mulheres havia tentado aprimorar sua beleza negra dessa maneira, mas era considerado muito elegante entre os homens.

Enquanto estávamos conversando, nossos homens remavam na batida de uma canção animada, um verso era cantado por um homem, e os restantes se juntavam no refrão ao final. Suas vozes não eram desagradáveis, e o tom tinha um ritmo, sempre na mesma nota, fascinante.

Atracamos em um píer bem construído e subimos os degraus de pedra branca, finamente cortadas, do barco para a terra. Imediatamente nos vimos cercados por homens negros, todos seminus, à maneira dos condutores de charrete nas estações ferroviárias, clamando por nossa atenção. Não eram todos motoristas, no entanto. Misturando-se com os condutores havia comerciantes de joias, plumas de avestruz e boás; agentes de hotéis, mendigos, aleijados e guias. Esse grupo demandava que nós ouvíssemos cada um deles, individualmente, até que um policial nativo, com uniforme da rainha, se aproximou e empurrou os camaradas negros de volta com as mãos, às vezes apressando a retirada com sua bota.

Um quadro grande ocupava uma posição de destaque no píer. Nele estavam marcados os preços que deveriam ser pagos a condutores, barqueiros e pessoas afins. Foi, de fato, uma louvável consideração terem colocado esse quadro, o que impediu que turistas fossem explorados. Olhei para o quadro e pensei que, mesmo naquela terra, havia mais precauções tomadas para proteger desconhecidos indefesos e ignorantes do que na cidade de Nova York, onde o costume dos condutores noturnos é exigir preços exorbitantes e, se não aceitos, tirar o casaco e partir para a briga.

Encarapitado na encosta daquela montanha desolada e vazia, há um majestoso edifício branco, alcançado por uma estrada fina cortada na pedra. É um clube, erguido em benefício dos soldados ingleses que estão destacados nesse lugar árido. No porto, havia um navio de guerra inglês e, perto de um ponto em que a terra era mais nivelada, muitas tendas brancas foram erguidas para soldados.

Do pico mais alto da montanha negra e rochosa, provavelmente uns quinhentos metros acima do nível do mar, tremulava a bandeira inglesa. Na medida em que viajei, percebi mais do que nunca como os ingleses roubaram quase todos, se não todos, os valiosos portos marítimos. Senti um respeito cada vez maior pela obstinação do governo inglês e deixei de me maravilhar com o orgulho com que esse povo vê sua bandeira tremular em tantos climas diferentes e em tantas nacionalidades diferentes.

Perto do píer, havia lojas administradas por parses.[17] Um hotel, correios e telégrafo estão no mesmo local. A cidade de Áden fica a oito quilômetros de distância. Alugamos uma carruagem e seguimos a um bom ritmo por uma estrada larga e suave que nos levava ao longo da praia, passando por filas baixas de casas, onde vimos muitos

---

17 *Parses são descendentes dos habitantes da Pérsia (atual Irã), praticantes do zoroastrismo, que foram deslocados pela conquista dos árabes maometanos (século 7) e refugiaram-se na região entre o atual Paquistão e oeste da Índia.*

nativos miseráveis e de aparência suja; e por um grande cemitério, muito cheio, que parecia o resto daquele ponto pedregoso, sombrio, preto e desolado, as sepulturas muitas vezes feitas com pedras do calçamento.

As estradas em Áden são uma maravilha: largas e lisas como madeira de lei e, à medida que serpenteiam em agradáveis curvas na montanha, são protegidas contra acidentes por um muro alto e liso. Sem isso, a inclinação poderia resultar em turistas rolando pela acidentada encosta.

Pouco antes de começarmos a subir, vimos um homem negro em suas devoções. Ele estava ajoelhado no centro de uma pequena praça formada por pedras. Seu rosto estava virado para o céu, alheio a todo o resto, exceto ao poder diante do qual estava desnudando sua alma íntima, com um fervor e uma devoção que evocava o respeito, mesmo daqueles que o consideravam pagão. Deduzi que ele era um adorador do sol pela maneira como constantemente olhava para cima, exceto quando se inclinava para beijar o chão em que se ajoelhava.

Na estrada, vimos negros de muitas tribos diferentes. Notei várias mulheres que caminhavam orgulhosamente com os pés descalços e marrons pisando de maneira leve na estrada suave. Elas tinham longos cabelos de uma cor preto púrpura, sempre adornados com uma pena longa e rígida tingida de vermelho brilhante, verde, roxo e com tons marcantes. Não usavam nenhum outro ornamento além da pena colorida, que lhes dava um ar de orgulho quando vistas ao lado das pessoas muito adornadas de joias daquela pitoresca cidade. Muitas das mulheres, que pareciam mesmo muito pobres, estavam cobertas de joias. Não vestiam muito mais do que isso, é verdade, mas em um lugar tão quente quanto Áden, deve-se usar quantas joias desejar.

Para mim, a visão dessas mulheres perfeitas, com aparência de bronze e um drapeado gracioso de seda fina enrolado na cintura caindo até os joelhos, subindo e atravessando pelas costas e dando a volta até o busto, era fascinante. Em seus braços nus, perfeitamente torneados, havia braceletes pesados ao redor do pulso e dos músculos, na maioria das vezes unidos por correntes. Também eram usadas pulseiras nos tornozelos, e os dedos das mãos e dos pés estavam carregados de anéis. Às vezes grandes anéis eram pendurados no nariz, e as orelhas eram quase sempre delineadas com anéis de argola que chegavam da extremidade mais interna do lóbulo até o topo da orelha, juntando-se à cabeça. Tão próximos eram os anéis colocados que, a distância, a orelha parecia debruada de ouro. Um estilo mais agradável de enfeite para o nariz era um grande ornamento de ouro colocado na narina e lá atarraxado, como os brincos são às orelhas. Ainda assim, se a ornamentação do nariz era mais agradável que a outra, o adorno da orelha que o acompanhava era desagradável de olhar. O lóbulo da orelha foi separado da orelha e puxado para baixo a tal comprimento que geralmente chegava ao ombro. A enorme alça de carne estava parcialmente cheia de grandes argolas de ouro.

No topo da colina, chegamos a um belo e majestoso portão duplo de pedra, a entrada do forte inglês, atravessando a estrada que leva à cidade. Sentinelas marchavam de um lado para o outro, mas passamos por eles sem pararmos ou sermos detidos, através de um estranho e estreito corte na montanha, que se erguia nas laterais a trinta metros acima do leito da estrada. Ambos os lados estreitos e perpendiculares são fortemente fortificados. Basta apenas uma olhada para Áden, que é em si um forte natural, para reforçar a afirmação de que a cidade é o portão mais resistente para a Índia.

No momento em que emergimos da passagem que, além de ser tão estreita que duas carruagens só passam com grande dificuldade, ainda é construída em uma perigosa ladeira, tivemos uma visão da cidade branca de Áden, aninhando-se no coração do que parece ser um extinto vulcão. Dirigimos rápido na estrada, capturando vislumbres de vistosos policiais; carregadores de água da baía, com seus odres de pele de cabra cheios jogados atrás das costas; camelos carregados de pedras cortadas; e pessoas negras de todo tipo.

Quando entramos na cidade, que era composta de casas baixas de adobe, nossa carruagem foi cercada por pedintes. Saímos e caminhamos por uma rua não pavimentada, olhando as lojas sujas e pouco convidativas e as pessoas sujas e pouco convidativas dentro e em torno delas. Com frequência éramos instigados a comprar, porém, com mais frequência, os nativos nos olhavam com curiosidade. No coração da cidade, encontramos o mercado de camelos, mas tirando os muitos camelos em pé, deitados e ajoelhados, a visão não tinha nada de extraordinária. Próximo havia um mercado de cabras, mas os negócios pareciam devagar nos dois lugares.

Sem comprar nada, começamos a retornar ao navio. Criancinhas nuas corriam atrás de nós por quilômetros, tocando suas testas humildemente e chorando por dinheiro. Todas sabiam inglês o suficiente para nos pedir caridade.

Quando chegamos ao píer, descobrimos que nosso motorista havia esquecido todo o inglês que sabia quando começamos. Ele queria um preço pela carruagem e queríamos pagar outro. Isso resultou em um apelo a um policial nativo, que fez validar nossos direitos, transmitiu isso ao motorista e deu-lhe, além disso, uma vigorosa repriménda não verbal pela desonestidade.

O tempo limitado impediu nossa ida aos tanques de água, que ficam a alguns quilômetros de Áden. Quando retornamos ao navio, encontramos judeus por lá, vendendo ovos e plumas de avestruz, conchas, frutas, lanças de peixe-espada, e coisas assim. Na água, de um lado do barco, estavam vários garotos somalis que faziam uma exibição maravilhosa de mergulho e nado.

Na verdade, eles ficavam na água parecendo estátuas de bronze, enquanto o sol repousava em suas peles pretas e molhadas. Faziam uma fileira e, virando o rosto para o convés, gritavam metodicamente, um após o outro, por toda a fila:

— Oh! Yo! Ho!

Lembrava muito um coro de sapos-boi e era muito divertido. Depois de terminar a estranha música, eles nos deram um dueto, meio chorando persuasivamente, num estilo cantante:

— Mergulhe! Mergulhe! Mergulhe!

Enquanto isso, a outra metade colocava as mãos diante de suas bocas escancaradas, gritando e fazendo movimentos rápidos com os dedos com tanta energia que de bom grado lançamos moedas prateadas para vê-los mergulhar e parar a gritaria.

No momento em que a moeda de prata brilhava sobre a água, todas as figuras de bronze desapareciam como peixes voadores e, olhando para baixo, veríamos algumas ondulações na superfície da água azul — e nada mais. Depois de um tempo, que nos pareceu perigosamente longo, eles emergiram. Poderíamos vê-los aproximando-se antes que finalmente aparecessem na superfície, e um entre eles teria a moeda de prata entre os dentes, que seria exibida em um amplo sorriso de satisfação. Alguns desses mergulhadores eram crianças com não mais de oito anos de idade e variavam daí para cima. Muitos tinham os cabelos descoloridos. Como estavam completamente nus, exceto por um pequeno pano torcido sobre os quadris, usavam as próprias bochechas como bolsa, o que fizeram com tanta facilidade quanto uma vaca armazena o capim para mastigar quando der vontade.

(Muitas vezes invejei essa esplêndida dádiva das vacas ruminantes. Perde-se tanto tempo comendo, principalmente em viagem, e eu não pude deixar de imaginar o conforto que às vezes seria pegar nossa comida por atacado e consumi-la como quisermos depois. Estou certa de que haveria menos indigestões.)

Nenhum animal, nascido e criado no meio líquido, poderia brincar mais graciosamente na água do que esses meninos somalis. Eles nadam, usando apenas as pernas ou os braços, de costas ou de lado, e na maioria dos casos, com o rosto embaixo d'água. Nunca ficam no caminho dos barcos. Simplesmente afundam e sobem no mesmo local depois que o barco passou. A baía de Áden está cheia de tubarões, mas eles nunca tocam homens negros, essas pessoas, assim me dizem, e a segurança com que passam a vida na água prova a verdade da afirmação. Eles alegam que um tubarão não ataca um homem negro, e depois que capturei o odor da graxa com a qual esses homens ungiam seus corpos, eu entendo o lado dos tubarões.

Depois de sete horas em Áden, partimos para Colombo, sendo escoltados por mergulhadores até o mar alto. Um garotinho veio conosco no navio e, quando nos deixou, simplesmente mergulhou do convés superior e voltou alegremente para a cidade, acenando um adeus para nós com a mão livre.

Os passageiros se esforçaram para fazer o tempo passar agradavelmente entre Áden e Colombo. As moças executaram alguns *tableaux vivants*[18] uma noite e foram realmente muito bem. Em um deles, queriam representar os diferentes países. Elas me pediram para representar os Estados Unidos, mas eu recusei, e então me pediram para lhes dizer como era a bandeira americana! Elas queriam representar uma o mais próximo possível e erguê-la para vestir a jovem que representaria os Estados Unidos. Outra noite, tivemos uma projeção com lanterna que foi muito agradável.

A lealdade dos ingleses à rainha em todas as ocasiões e em todos os momentos conquistou minha admiração. Embora tenha nascido e sido criada como uma americana decidida, com a crença de que uma pessoa é o que ela faz de si mesma, não o que ela nasce, ainda assim não pude deixar de admirar o respeito eterno que os ingleses têm por sua família real. Durante a projeção de slides, a foto da rainha foi exibida na tela branca e evocou aplausos

---

18 Tableau vivant, *"pintura viva"*, era uma forma de entretenimento no século 19, em que pessoas representavam cenas estáticas da literatura, da arte, da história ou da vida cotidiana.

mais quentes do que qualquer outra coisa naquela noite. Nunca tivemos diversão de uma noite que não terminasse com todo mundo se levantando e cantando "Deus salve a rainha". Não pude deixar de pensar no quão devotada ela, que ao fim é apenas uma mulher como as outras, é aos interesses dos seus súditos.[19]

Com esse pensamento, fui tomada por certa vergonha. Lá estava eu, uma garota americana nascida livre, a nativa do maior país do mundo, forçada a ficar calada porque, honestamente, não podia falar com orgulho dos governantes da minha terra, a menos que eu voltasse para aqueles dois reis da humanidade, George Washington e Abraham Lincoln.

---

19 *A rainha Victoria governou entre 1837 e 1901, período marcado pelo desenvolvimento industrial e econômico e pela expansão do império britânico, além do rigor moral.*

CAPÍTULO IX
Cinco dias de atraso

Por volta de nove horas da manhã, ancoramos na baía de Colombo, no Ceilão.[20] A ilha, com sua abundância de árvores verdes, era um agradável descanso para nossos olhos depois do forte calor que passamos através do oceano vindos de Áden.

Antes de o barco lançar âncora, os passageiros se prepararam para ir a terra, e assim que chegamos calmamente até o pequeno porto, onde estava certo número de embarcações, ficamos impacientes no convés esperando a primeira oportunidade de abandonar o navio.

Mesmo sob muita agitação, ficamos impressionados com as belezas de Colombo e a vista, desde o convés, na chegada do nosso vapor. Enquanto passávamos pelos lindos navios ancorados, pudemos ver a ilha verde dotada de construções de arcadas baixas que pareciam, ao brilho do sol, palácios de mármore. Atrás de nosso navio estava o mar azul azul, formando marolas como montinhos de neve que suavemente voltavam a afundar. Como pano de fundo à cidade estava uma montanha alta, que nos disse-

---

20 *Desde a independência, em 1972, o país chama-se Sri Lanka.*

ram chamar-se Pico de Adão. A praia, com uma floresta de árvores tropicais, parecia começar em um ponto distante no mar, curvando-se até que perto dele se transformava num ponto abrupto, cuja linha era levada ao mar por um magnífico quebra-mar encimado por um farol. Então a terra curvava-se novamente até um local onde ficava uma estação de telégrafo. Mais além, uma estrada corria ao longo da beira da água perdendo-se na base de uma eminência verde que se projetava bem acima do mar, coroada por uma construção em forma de castelo, brilhando à luz do sol.

Pequenos barcos cheios de homens negros vinham em nossa direção desde a costa, mas meus olhos se fixaram num estranho objeto pontiagudo, repousando na superfície da água da baía. Parecia uma coisa viva e emplumada, de formato tão estranho que olhei para aquilo com um sentimento de horror. Que monstro cheio de penas uma ilha tão agradável poderia produzir?, pensei, percebendo com consternação que o navio se dirigia para ele. No momento em que estávamos sobre ele, houve uma revoada e uma nuvem de pássaros ergueu-se e instalou-se no quebra-mar, onde alguns pescadores, com os pés sobre as margens pedregosas, observavam suas linhas. Voltei a olhar o que havia levantado tanta consternação em minha mente e vi, aliviada, que havia sido uma massa emplumada de pássaros — uma boia vermelha inofensiva!

Acompanhada por um amigo, fui a primeira a pisar em terra firme. Alguns passageiros que começaram antes de nós, tomaram uma lancha a vapor. Meu acompanhante disse que me proporcionaria uma experiência fora do comum, e também me mostrou que um pequeno barco atravessava mais rápido que uma lancha a vapor. O cavalheiro que havia se oferecido para me acompanhar durante o passeio na ilha era um viajante de vasta experiência. Ele calcula que tenha realizado viagens de volta ao mundo uma vez por ano, há vários anos, e conhece os países do leste como conhece a própria casa. Ainda assim, quando vi o barco em que ele pretendia me levar para terra, duvidei da opinião dele, mas não disse nada.

O barco era rudemente construído. Tinha provavelmente um metro e meio de comprimento e sessenta centímetros de boca, estreitando-se até a quilha, de modo que não era largo o suficiente para permitir pôr os pés lado a lado no fundo. Havia dois assentos no meio do barco, um de frente para o outro, que eram cobertos por um trapo de saco de café que precisava ser removido para dar lugar aos passageiros que entravam. Os dois homens sentavam-se em cada extremidade desse barco peculiar, com um remo cada. O remo é uma vara reta, com uma borda de formato e tamanho de um caixote, presa em cada extremidade, e com ambos os remos do mesmo lado, eles remaram até a costa. O barco é equilibrado por um tronco no comprimento preso a duas varas curvas do lado de fora, a cerca de um metro do barco. Essas embarcações são chamadas pelos turistas de "canoas duplas", mas o povo do Ceilão as chama de "catamarãs".

Com um leve esforço, os homens fizeram o barco atravessar a água e, em poucos instantes, nos distanciamos da lancha a vapor e já havíamos arranjado acomodações no hotel antes mesmo que a lancha tivesse desembarcado seus passageiros. Dizem em Colombo que os catamarãs são usados pelos pescadores nativos, que saem neles para o mar e que são tão navegáveis e tão seguros contra a emborcação que nenhum caso de acidente com um catamarã foi relatado.

Ver de perto o hotel Grand Oriental não fez diminuir a atração que ele havia exercido a distância — na verdade, aumentava-a. Era um hotel grande e elegante, com arcadas azulejadas, corredores arejados e confortáveis, mobiliados com poltronas e pequenas mesas com tampo de mármore, próximas o suficiente dos amplos encostos de braço, para se sorver o sumo refrescante do limão ou o requintado chá nativo, ou mesmo comer as deliciosas frutas enquanto se descansa de maneira tranquila e preguiçosa. Não encontrei nenhum lugar fora dos Estados Unidos onde fumar fosse proibido, e nessa adorável esplanada os homens fumavam, consumiam galões de uísque e soda e folheavam os jornais, enquanto as mulheres liam seus romances, ou negociavam com as lindas e pequenas mulheres cor de cobre que vinham para vender delicadas rendas feitas à mão ou com os comerciantes talentosos e de turbante alto que abriam caixinhas de veludo e expunham, ao olhar admirado dos turistas encantados, as joias mais desconcertantes. Havia esmeraldas profundamente escuras, diamantes que reluziam como o fogo, pérolas requintadas, rubis como gotas de sangue, olhos de gato com sua faixa oscilante, e tudo em tão belas formas que até os homens, que começavam dizendo: "não me venha com bugigangas", terminava deixando de lado seus charutos e jornais e examinando os ornamentos brilhantes que fascinam a todos da mesma forma. Nenhuma mulher que chega em Colombo sai antes de adicionar vários anéis a sua caixa de joias, e esses anéis são tão conhecidos que, no momento em que um viajante os vê, não importando em que parte do globo, diz ao usuário, indagando:

— Esteve em Colombo, não é?

Pela primeira vez desde que deixei os Estados Unidos vi dinheiro americano. É muito popular em Colombo e rende um valor alto — como joia! Não vale nada como dinheiro. Quando ofereci em pagamento pelas minhas contas, fui informada que o valor seria aumentado em sessenta por cento. Os comerciantes de diamante de Colombo ficam muito satisfeitos em conseguir as moedas de ouro de vinte dólares e pagam um alto preço por elas. Eles as usam somente para passar uma argola por elas e pendurar nas suas correntes de relógio como ornamento. A riqueza de um mercador pode ser estimada por sua corrente de relógio, me disseram; quanto mais rico o mercador, mais tilintava o ouro americano na sua corrente. Vi alguns homens assim, com vinte peças em uma corrente. A maior parte das joias compradas e vendidas em Colombo é vendida no corredor do Grand Hotel Oriental. Os comerciantes trazem seus produtos e os turistas acham mais agradável do que visitar as lojas.

À saída desse corredor, agradavelmente sombreado e interessante em suas peculiaridades, está a sala de jantar, combinando as outras partes do hotel com sua imponência pitoresca. As mesinhas são delicadamente arrumadas e ricamente decoradas todos os dias com as flores nativas de Colombo, em múltiplas cores, de formas requintadas, mas sem perfume. Do teto pendiam *punkas* bordadas, a invenção do Oriente que traz conforto durante a parte mais quente do dia. As *punkas* são longas tiras de pano, presas a varas de bambu que ficam suspensas a uma curta distância das mesas. Elas são mantidas em movimento por uma polia de corda, operada por um homem ou rapaz. Lançam um vento preguiçoso e fresco pelo edifício, contribuindo muito para a tranquilidade e o conforto do hóspede. As *punkas* também são usados em todos os navios que viajam pelo Oriente.

Uma comida muito boa foi servida no hotel — o que foi ainda mais agradável aos passageiros do Victoria depois das provações que tiveram durante a última quinzena, comendo o mesmo tipo de comida diariamente sob diferentes nomes. Os garçons eram cingaleses, tão maus quanto os ingleses, a cujo descuido e insolência tivemos que ser submetidos, mas eram interessantes para o ocidental.

Eles conseguiam falar inglês muito bem e entenderam tudo o que lhes foi dito. Não são pessoas desagradáveis; apresentavam baixa estatura e traços finos, alguns deles com rostos muito atraentes, de cor bronze clara. Usavam saias aventais de linho branco e blusas brancas. Moviam-se silenciosamente sobre o piso liso de azulejos, com os pés descalços e marrons. Seus cabelos lisos e negros são longos, enrolados em um coque na parte de trás da cabeça. Acima da cabeça, em vez de atravessar de um lado a outro, é sempre colocado um pente de casco de tartaruga, como os usados pelas crianças americanas em idade escolar. Demorou algum tempo até que eu pudesse distinguir um cingalês de uma cingalesa. Não é difícil diferenciar os sexos depois que se sabe que são os homens que usam o pente, uma característica masculina tão distinta quanto as calças o são nos Estados Unidos.[21] As cin-

---

21 *À época, somente os homens vestiam calças. A introdução das "bloomers" (bombachas), que permitiam mais agilidade às mulheres, causava longos debates sobre o "o traje feminino".*

galesas não pensariam em usar esse pentezinho mais do que uma americana sensata pensaria em usar roupas masculinas.

Não tinha ouvido o termo "garçom" depois de ter deixado os Estados Unidos. Desde que desembarcara dos navios ingleses, não ouvia a palavra "comissário", mas em vez desses substantivos, em hotéis e navios do leste, todos os empregados eram chamados de "rapaz". Podíamos chamá-los de "camareiro! garçom!" até nos cansarmos, sem nenhum resultado, mas no momento em que sussurramos "rapaz!", um simpático camarada negro diz "sim, senhor" ao nosso lado e está pronto para cumprir o que pedirmos.

No *tiffin*, comi um pouco de *curry*, ou caril, o famoso prato nativo da Índia. Não fui capaz de comer isso no Victoria, mas aqueles que conhecem disseram que era o prato mais delicioso quando preparado corretamente, e então acabei provando no hotel. Primeiramente uma travessa com camarões e arroz cozido foi colocada diante de mim. Pus duas colheradas de arroz no meu prato, e por cima uma colherada de camarão. Havia também frango e carne para o almoço, mas me servi apenas de camarões. Depois me trouxeram uma bandeja compartimentada com uma grande diversidade de compotas de diferentes frutas, maclura[22] e outras coisas quentes com pimenta. Como me instruíram, experimentei três dessas variedades e pus em cima do que havia sido colocado primeiro no meu prato. Por último vieram pequenos pedaços de coisas secas, das quais sentimos o odor antes mesmo de vermos, tão forte e inconfundível era seu aroma. Eles o chamavam

---

22 *Maclura é uma espécie de fruta da família das amoreiras.*

de pato de Bombaim. É nada mais nada menos do que um peixe pequeno, que é aberto e, depois de minuciosamente seco, é usado com o *curry*. Pode-se aprender a comê-lo.

Depois tudo isso é bem misturado no prato, fazendo uma bagunça nada atraente, mas muito palatável, como eu logo vim a saber. Gostei tanto do caril que só parei de comê-lo quando, após uma refeição saudável, descobri que ele ameaçava me dar palpitações no coração. Contam uma história sobre o pato de Bombaim que é muito divertida.

O xá da Pérsia foi notificado que algum alto oficial na Índia pretendia enviá-lo uma quantidade do mais fino pato de Bombaim. O xá ficou muito satisfeito e, em antecipação à chegada da encomenda, mandou construir luxuosos lagos para que os patos pudessem nadar! Imagine sua consternação quando recebeu aqueles peixes secos e cheirosos!

Depois da refeição, nos dirigimos ao monte Lavinia. Percorremos as estradas mais suaves e perfeitas que já vi. Pareciam feitas de asfalto vermelho, e mais tarde me disseram que são construídas por condenados. Muitas dessas estradas pareciam pitorescos caramanchões — os galhos das árvores dos dois lados formavam um arco de folhagem sobre nossas cabeças, dando-nos uma encantadora vista telescópica das pessoas e meios de transporte ao longo da estrada. As cabanas de palha dos nativos e os vislumbres dos moradores dividiam nossa atenção com as pessoas pelas quais passávamos na estrada.

Descobrimos que o Monte Lavinia era o local que havíamos notado ao entrar no porto. É um ótimo hotel situado em uma elevação com vista para o mar e resort concorrido durante as estações quentes. É cercado por um gramado verde e suave e fica de frente para o mar azul, de onde recebe uma brisa refrescante durante todo o ano.

Depois do jantar, os hóspedes do Grand Oriental saíram para uma volta, as mulheres e muitos dos homens com a cabeça descoberta. Dirigindo pela cidade, pelas ruas largas, passamos por belas casas situadas em jardins tropicais até o passeio Galle Face que corre ao longo da praia, um pouco fora do alcance das ondas que quebram nas margens arenosas, com um rugido mais musical do que qualquer ruído d'água que eu tivesse ouvido. A estrada fica muito perto da beira da água e, com os raios suaves da lua, sua superfície vermelha se transformava em prateada, o azul profundo do mar ficava negro e a espuma que quebrava eram correntes de neve. Na luz suave e pura, veríamos casais silenciosos passeando de braços entrelaçados, aparentemente tão perto das ondas que quebravam que fiquei apreensiva de que uma, mais forte que outras, os pegasse desprevenidos e os arrastasse para aquela terra desconhecida aonde todos vamos descansar. Ao largo dos bancos que margeiam o mar, descansam alguns soldados em uniforme da rainha, para quem olhei ansiosamente, incapaz de dizer se a atitude letárgica deles evidenciava uma pausa do trabalho ou saudades da pátria. Certa noite, vi um nativo em pé, com água até a cintura, pescando em meio às ondas que rugiam. Disseram-me que muitos peixes mordem mais facilmente à noite, mas fiquei pensando em como ele poderia ser arrastado para o mar e em como seus amigos não ficariam sabendo do seu sumiço àquela hora.

No ponto em que o passeio Galle Face se funde com outra estrada, fica o hotel Galle Face, cercado por uma floresta de palmeiras. Descansando nas largas poltronas em sua varanda revestida em pedra, pode-se ver, através da floresta, onde o oceano beija a areia da praia, e enquanto se ouve o barulho das ondas, o rugido profundo e suave pode induzir sonhos que trazem o que a vida não conseguiu dar; imagens suaves da mente que apagam por um momento o duro dissabor da realidade. Ou, quando o sonho desvanece, pode-se afogar os suspiros com um sumo de limão refrescante, que a pessoa cor de bronze e de pés descalços colocou no apoio de braço branco, ao mesmo tempo que preguiçosamente observa os riquixás entrarem silenciosamente através do portão iluminado a gás, os corredores negros nus fazendo uma parada repentina, baixando o assento para que o passageiro possa sair.

Fiquei lá sentada preguiçosamente durante a noite doce e lânguida, mal dando ouvido às palavras do meu acompanhante que se misturavam ao som do oceano. Havia um casal próximo, rosto curvado sobre o outro virado para cima, mãos entrelaçadas e mantidas firmemente contra um coração viril; em pé, duas figuras escuras, sob um arco da varanda, contornadas contra a lâmpada da porta. Senti um pouco de compaixão por eles, por estarem embrulhados naquela ilusão que faz da vida o céu ou o inferno, que forma a base de qualquer romance, peça ou história. Estavam parados e silentes, até que o barulho de uma nova chegada os despertasse do idílico alheamento, e ela saísse apressada, mal esperando que ele beijasse a mão que segurava, longe na escuridão. Suspirei novamente e, tomando outro gole do meu sumo de limão, me virei para responder ao meu companheiro.

Bem cedo, na manhã seguinte, fui despertada por um garçom cingalês colocando café e torrada numa pequena mesa que ele aproximou da cama, saindo logo depois.

Sabia, pela luz difusa que entrava pela porta de vidro aberta da varanda, que ainda era cedo, e continuei a dormir. Fui despertada logo depois por um barulho de pratos na mesa, e abrindo os olhos, vi, em cima da mesa, tranquilamente desfrutando minha torrada, um corvo!

Eu não estava acostumada a tomar torradas e chá antes de me levantar, como é costume no Ceilão, então deixei o corvo satisfazer seu apetite e partir calmamente sem um protesto. Eu me levantei mais cedo do que era meu hábito porque queria ver o que havia para ser visto enquanto tivesse oportunidade.

Depois de um banho refrescante, me vesti às pressas e desci. Encontrei quase todos os meus amigos, alguns já tendo começado a aproveitar o início da manhã. Lamentei minha generosidade para com o corvo quando fiquei sabendo que o café da manhã nunca era servido antes das nove horas e, como todos se esforçavam para tirar proveito da manhã fresca e doce, as torradas e o chá seriam um sustento necessário.

Numa carruagem leve, nos dirigimos novamente ao passeio Galle Face, e passamos por um lago no qual homens, mulheres, crianças, bois, cavalos, búfalos e cachorros se deleitavam. Era uma visão estranha. Em uma pequena ilha verde, vimos o pessoal da lavanderia trabalhando — batendo, mergulhando e torcendo as roupas, que depois espalharam na grama para secar. Quase todas as estradas pelas quais passamos eram perfeitas com suas curvas pitorescas, e frequentemente ladeadas por magníficas árvores arqueadas, muitas das quais carregadas de belas flores brilhantes.

Todo mundo parecia estar na rua. Os brancos estavam conduzindo, cavalgando, andando de bicicleta ou caminhando. O quebra-mar, com quase um quilômetro de comprimento, é o passeio favorito dos cidadãos de Colombo. De manhã e à noite, pessoas alegremente vestidas podem ser vistas andando de um lado para o outro entre o farol e a praia. Quando a estação das tempestades chega, o mar sobe a dez metros de altura acima desse passeio, que precisa ser limpo do limo verde depois que termina, antes que se possa caminhar com segurança. O príncipe de Gales lançou a primeira pedra desse belo quebra-mar em 1875 e, dez anos depois, foi finalizado. É considerado um dos melhores que existe.

Colombo me fez lembrar Newport, em Rhode Island. É possível — aos meus olhos, pelo menos — que Colombo seja mais bonita. As casas podem não ser tão caras, mas são mais artísticas e pitorescas. As estradas são largas e perfeitas; a vista para o mar é grandiosa e, apesar da diferença em seu aspecto tropical, ainda há algo em Colombo que lembra Newport.

Após o café da manhã, que em geral não deixa nada a desejar, os hóspedes descansam no saguão do hotel; os homens que têm assuntos de negócios, cuidam deles e retornam ao hotel o mais tardar às onze. Por volta do meio-dia, todos descansam, e depois do almoço tiram uma soneca. Enquanto dormem, a parte mais quente do dia passa e, às quatro, estão novamente prontos para uma volta ou uma caminhada, de onde retornam após o pôr do sol a tempo de se vestirem para o jantar. Após o jantar, há pequenos passeios agradáveis em riquixás ou visitas aos teatros locais.

Fui uma noite a um teatro parse. Na entrada, havia grupos vendedores de frutas e de condutores de riquixá esperando para levar as pessoas para casa após a apresentação.

O piso do teatro era de barro. Os assentos foram colocados em fileiras no chão. A casa estava bastante cheia de homens, mulheres e crianças nativas que estavam profundamente interessadas na atuação que já havia começado.

Os atores eram todos homens; meu acompanhante me disse que as mulheres nunca pensariam em subir ao palco naquele país. O palco não era diferente de nenhum outro palco e o cenário, pintado por artistas nativos; era tão bom quanto se costuma ver. À esquerda, perto das coxias, havia um homem sentado de pernas cruzadas em uma plataforma elevada, batendo em um tom-tom. O tom-tom é sem dúvida a mãe dos tambores. É feito com o mesmo princípio, mas em vez de ser redondo, costuma ter uma forma alongada. O percussionista usa as mãos em vez de baquetas, e depois que se acostuma com ele, pode-se até achá-lo musical. O tocador que comandou o tom-tom naquela noite estava vestido com um fino material branco e usava um turbante muito grande na cabeça, do mesmo material. Seu rosto cor de cobre era longo e sério, e ele tocou o instrumento com uma vontade que achei simplesmente assombrosa quando alguém me informou que ele estava fazendo isso desde as nove da manhã. Se suas mãos não se cansavam, suas pernas, sim. Várias vezes eu o vi se mover, como se tivesse facilidade em mudar a posição de cócoras, e toda vez que via seus pés descalços subirem, à vista do público, sentia um desejo irresistível de rir.

À direita, em frente ao tocador de tom-tom, havia um homem cuja função era tocar um órgão de aparência estranha. Ele usava apenas uma das mãos, a esquerda, para tocar e, com a direita, segurava um livro, que perscrutava constantemente durante toda a performance, lendo e tocando mecanicamente, sem olhar uma vez para os atores.

Os atores eram divertidos, pelo menos. A história da ópera não era diferente da de outros países. A base ou o enredo da peça era um conto de amor e tragédia. Um rapaz alto, com o rosto pintado de branco, como se fosse a morte, cantou num tom estridente pelo nariz arqueado, diante de outro rapaz, que se vestia com trajes de uma mulher nativa. Esse último era a dama, e a heroína da peça, e cantou estridentemente pelo nariz, como fez seu amante. Todos os atores cantaram pelo nariz, e quanto mais finas as vozes e mais sons nasais eles empregavam, mais a plateia aplaudia.

A heroína era uma criada, empregada de um rico plantador de chá, que era o pai do amante que cantava através do nariz. O amante, como todos os amantes, insistia para que a jovem fosse dele, por meio das canções, que foram emitidas pelo nariz por quinze minutos cada uma. A heroína esforçava-se para parecer tímida por toda essa canção insuportavelmente longa de som nasal, e então pegava o mesmo refrão, e com a mesma música cantava para ele pelo mesmo tempo e de acordo com o próprio estilo, enquanto ele abaixava a cabeça e ouvia. Seus gestos eram muito poucos, e eles geralmente ficavam em um ponto no palco. Às vezes eles se abraçavam, mas apenas para se separarem e cantarem um para o outro novamente.

A peça continua com um bandido ousado e malvado, de rosto esbranquiçado pelo pó de giz, vendo a criada e se apaixonando por ela. Ela repele seus avanços e entra na casa de seu senhor. Então o bandido marca a casa com uma cruz e promete retornar com seus homens para matar os moradores, pois a heroína, na sua simplicidade, confessa o que ele supunha: que ela ama outro, o filho do seu senhor. O vilão jura que irá retornar, matar as pessoas da casa, e carregará consigo não apenas os bens, mas a criada também.

Depois que o bandido vai embora, a heroína sai e espia a cruz sobre a casa. Com um olhar astuto na face, ela pega o giz que o bandido deixou cair, e marca todas as outras casas na rua da mesma maneira, para que, quando o bandido retorne, seja frustrado em seu objetivo ousado e maléfico, pois não poderá dizer qual casa abriga a mulher que o encantou, bem como seu rico amante e o patrão. Ele é um bandido paciente e fica esperando até que os amantes saiam para namoricar na rua. Enquanto estão ocupados, fazendo amor com os narizes, o homem toca o órgão com energia, o do turbante bate no tom-tom como se sua vida dependesse disso e o ousado e malvado bandido retorce o estômago, distorce o rosto na mais agonizante das expressões e assim mostra sua agonia ao público. Quando eles entram na casa, ele está prestes a segui-los, mas o patrão aparece. O ladrão se aproxima e, fazendo-se passar por rico comerciante de chá, pede para pernoitar em sua casa. O patrão consente cordialmente, bem quando a heroína surge, e ouvindo a conversa, diz ao seu senhor para não permitir que o homem fique. O senhor fica muito zangado com sua ousadia e promete-lhe um castigo ainda naquele dia.

O comerciante pede permissão para que suas caixas de chá sejam colocadas dentro dos muros do jardim do seu anfitrião, a fim de que o chá fique seguro durante a noite. É claro que o anfitrião concorda, e a cena seguinte mostra as caixas de chá no jardim. O ousado ladrão apaga a luz e entra na casa para esperar o momento certo. A heroína também devaneia e, como outras heroínas, escolhe a noite fresca e doce no jardim para cismar. Ela fica surpresa ao encontrar o jardim na escuridão e coloca o dedo na lateral do nariz quando vê que a lamparina acesa não está queimando. Enquanto pula, sentindo o cheiro das flores artificiais, a tampa de um baú de chá é levemente levantada e um homem canta algo pelo nariz. Ela fica surpresa, mas em vez de gritar, responde à pergunta em tons nasais e descobre que os baús não estão cheios de chá, mas com homens que pertencem ao ladrão, por quem eles a tomaram. Quando o homem fecha a tampa novamente para aguardar o momento, ela habilmente tranca todas as caixas e, em seguida, chama um criado que a ajuda a levá-las para uma casa em que ficarão seguramente trancafiadas.

A próxima cena mostra uma sala na qual as pessoas estão reunidas e se divertindo. Estão todos sentados no chão, e entre eles está o ladrão chefe. A heroína e outras criadas são trazidas para executar a dança do punhal. Elas têm pulseiras de sinos ao redor dos braços e dos tornozelos, e a dança é muito agradável. A heroína e outra criada dançam enquanto batalham entre si com suas facas. Ocasionalmente, elas se separam e dão a volta pela sala, e a heroína faz movimentos como se pretendesse esfaquear, de brincadeira, os convidados. Ela vê o falso comerciante de chá envenenando astutamente o vinho de seu senhor, e então dança em volta do ladrão, enfia o punhal no coração dele e continua seu número. Os convidados em cena riem até ver o ladrão tentar se erguer e cair morto. Eles veem que a esfaqueada não era encenação, mas real, e a garota é detida; seu senhor diz que ela deve morrer. Então ela grita a história dos homens nas caixas de chá e conta sobre o vinho envenenado. Os convidados aplaudem seu ato corajoso, e dizem que ela pode pedir o favor que quiser. Ela pede o filho de seu senhor e o recebe, ao som do tom-tom e do órgão, e suponho que viverão felizes para sempre.

Voltei para o hotel em um carro de boi. Era um carrinho muito pequeno, sem suspensão, sobre duas rodas, com um assento dianteiro para o motorista. No banco de trás, de costas para o condutor e com os pés dependurados, nos dirigimos para o hotel. O boi zebu é um animal pequeno e de aparência modesta, com corcunda nas costas e chifres tortos na cabeça. Eu temia que não pudesse carregar todos nós, mas viajava em um ritmo muito bom. Ouvi vários grunhidos, o que me preocupou muito até eu descobrir que era o condutor, e não o boi, o responsável pelo barulho. Com grunhidos, ele instava o zebu a aumentar a velocidade.

O passeio, ao longo de estradas arborizadas, foi muito tranquilo e agradável. O luar pousava suave sobre a terra, e nada atrapalhava a quietude a não ser o barulho do mar e um soldado ocasional que encontrávamos cambaleando em direção ao alojamento. Em certo ponto, vimos uma mesquita com luzes fracas pendentes. Entramos e encontramos os sacerdotes prostrados no chão de pedra, alguns ao pé do altar. Conversamos com eles aos sussurros e depois retornamos ao carro, que logo nos levou de volta ao hotel. No momento em que dobramos a esquina em direção ao hotel, um policial se apressou e, segurando uma roda, tentou parar o carro de boi, dizendo ao motorista que estávamos todos detidos.

As velas de uma das lamparinas haviam se apagado e fomos presos por dirigir com um dos lados no escuro. Meu companheiro acertou-se com o policial e fomos ao hotel, em vez à prisão.

Entre os nativos que assomam ao hotel estão os encantadores de serpentes. Quase todos são uns sujeitos nus, algumas vezes com túnicas esfarrapadas e outras com turbantes na cabeça, mas o mais comum é a cabeça estar descoberta. Eles executam diversos truques com muita habilidade. O mais maravilhoso desses truques, para mim, era o de fazer crescer uma árvore. Eles exibiam uma semente, então a colocavam no solo, a cobriam com uma mão de terra e forravam esse pequeno monte com um lenço, o qual eles primeiro passavam em volta para ser examinado, a fim de que pudéssemos ver que não havia nada de errado. Sobre isso, eles entoavam um cântico e, depois de um tempo, o lenço era retirado, e havia lá um brotinho verde. Olhávamo-nos incrédulos, enquanto o homem dizia:

— Árvore não boa; árvore pequena demais — e, encobrindo-a novamente, ele renova seu cântico.

Mais uma vez, ele levantava o lenço e víamos que o broto estava maior, mas ele ainda não agradava ao mágico, que repetia: "Árvore não boa; árvore pequena demais", e a cobria novamente. Isso era repetido até que obtivesse uma árvore de quase um metro de altura. Então ele a arrancava e mostrava a semente e as raízes.

Embora esses homens nos perguntassem com frequência se queríamos "ver a dança da cobra", sempre acabávamos vendo todos os outros truques, exceto aquele que nos prometera. Uma manhã, quando um homem insistiu comigo para "ver a dança da cobra", eu disse sim, mas que pagaria para ver a cobra dançar e por mais nada. Quase sem vontade, a serpente arrastou-se vagarosamente para fora, enrodilhando-se no solo. O "encantador" começou a tocar um pequeno pífano, enquanto agitava um pano vermelho que atraía a atenção da serpente. Ela se erguia, dando botes furiosos contra o pano vermelho, e subia mais a cada movimento, até que parecia ficar na ponta da cauda. Então ela percebeu o encantador e disparou em sua direção, mas ele astuciosamente a pegou pela cabeça com tanta força que eu vi o sangue na boca da serpente. Ele trabalhou por algum tempo, ainda segurando firmemente a serpente pela cabeça antes que pudesse colocá-la na cesta, enquanto isso o réptil chicoteava furiosamente o chão com a cauda. Quando finalmente o animal estava fora de vista, respirei fundo e o encantador me disse lamentando:

— Cobra não dança, cobra muito jovem, cobra muito fresca!

Pensei comigo: a cobra estava muito fresca!

Em Colombo, vi um riquixá pela primeira vez. Trata-se de um pequeno vagão de duas rodas, muito parecido com um trenó, exceto pelo fato de possuir uma cobertura que pode ser estendida em tempo chuvoso. Tem eixos longos unidos no final com uma barra transversal. Os condutores são negros e vestem pouco mais que uma faixa. Quando o sol está quente, usam chapéus grandes que parecem cogumelos enormes, mas na maioria das vezes esses chapéus estão pendurados na parte de trás do riquixá. Há paradas em lugares diferentes para esses transportes, como no caso das carruagem. Enquanto esperam pelos clientes, deixam seus riquixás repousados nas pontas e sentam-se na traseira, com os pés no chão. Além de vestirem uma faixa, os condutores usam óleo ou graxa e, quando o dia está quente e eles correm, seria melhor que usassem mais roupas e menos óleo! A graxa tem um odor original muito específico.

Um dia, eu estava indo passear em um riquixá e uma conhecida estava comigo. O condutor apoiou o pé no eixo quando entrei e, quando ele o levantou, pronto para começar, vi minha amiga entrar no riquixá dela. Ela se sentou e saiu instantaneamente pelo outro lado! O homem não estava com o pé sobre o eixo e ela se desequilibrou.

Senti vergonha de percorrer a cidade sendo puxada por um homem, mas depois de percorrer um caminho curto, pensei que era um avanço nos meios modernos de viagem; era muito reconfortante ter um cavalo capaz de cuidar de si mesmo! Quando entramos nas lojas, era tão agradável não ter a preocupação de temer que os cavalos não fossem cobertos, e quando eles corriam, não precisávamos nos preocupar se os estávamos fazendo mal. É um grande consolo ser conduzido por alguém que pode protestar, quando necessário.

Já falei sobre as estradas perfeitas no Ceilão. Encontrei as estradas no mesmo estado de perfeição em quase todos os portos orientais nos quais parei. Não pude decidir, para minha satisfação, se a suavidade da estrada se devia à ausência total e abençoada de carroças de cerveja ou de planejadores urbanos de Nova York.

Visitei os templos em Colombo, encontrando pouca coisa de interessante e sempre tendo que pagar regiamente pelo privilégio de dar uma olhada. Certa vez, fui à escola budista, e lá conheci o famoso sumo sacerdote do Ceilão. Ele estava sentado em uma varanda, que rodeava seu bangalô, escrevendo sobre uma mesa colocada diante de si. Seu traje consistia em um pedaço reto de seda dourada velha, habilmente enrolada no corpo. A seda havia caído à cintura, mas depois que ele nos cumprimentou, puxou-a para os ombros. Era um sujeito velho, cor de cobre, com cabelos grisalhos raspados. Falava inglês muito bem e, entre outras coisas, dizia-me que recebia centenas de cartas dos Estados Unidos todos os anos, e que eles recebiam mais americanos convertidos à religião budista do que qualquer outra nacionalidade.

Os dois jornais de Colombo estão sob comando de dois jovens ingleses muito inteligentes. Eles são muito gentis com estrangeiros, e sou grata a eles por muitos dos prazeres que tive durante minha estada no Ceilão. O gerente do hotel é um alemão aristocrático. É incansável em seus esforços para que seus hóspedes se sintam confortáveis. Sua esposa é uma mulher pequena e muito bonita, com uma voz linda. Ela gentilmente nos contou sobre um alfaiate no Ceilão que faz vestidos de estilo e caimento insuperáveis. Vi vestidos de Frederick Worth[23] que não chegavam aos pés, e aquele homem cobrava, para fazer um vestido, cinco rúpias! Cinco rúpias são cerca de dois dólares e meio. E ele consegue fazer um vestido em dois dias.

Tanto me falaram bem de Cândi[24] que, numa manhã, às sete horas, fui até lá com o representante espanhol, que estava indo para Pequim, e um rapaz irlandês divertido que viajava para Hong Kong, ambos tendo viajado comigo desde Brindisi. Fomos até a estação e atravessamos os portões até o trem. Vagões ingleses, daqueles que deixam muito a desejar, são usados nessa linha. Entramos em um compartimento onde havia apenas um lugar que,

---

23 *Charles Frederick Worth, famoso estilista do século 19.*
24 *Cândi era um reino independente no centro-leste da ilha, antes de ser incorporado à colônia britânica, em 1815.*

felizmente para nós, olhava para a direção em que seguiria o trem. Nossos bilhetes foram recolhidos na estação, as portas foram trancadas e o trem seguiu seu caminho. Antes da partida, tínhamos colocado nossos nomes em um livro que um guarda nos trouxe com a informação de que poderíamos tomar o desjejum a bordo, se assim o desejássemos. Como era muito cedo para termos café da manhã no hotel, ficamos felizes em ter a oportunidade de comer. Às oito horas, o trem parou e o guarda destrancou a porta, dizendo para irmos até o vagão-restaurante. Parecia estranho ser obrigado a desembarcar de um comboio, em vez de atravessá-lo, a fim de chegar à outra ponta.

O vagão-restaurante estava mobiliado com mesas fixas que quase atravessavam todo o vagão, deixando um pequeno espaço para as pessoas caminharem. Havia mais pessoas do que podiam ser acomodadas, mas como o trem dera a partida, elas foram obrigadas a ficar lá. Várias pessoas me disseram que o desjejum servido naquele trem era considerado extraordinariamente bom. Ao ver o cardápio, pensei que haviam preparado um banquete para um falcão daqueles que atacam galinheiros. Depois da entrada de peixe com vinagre e cebolas, vinham sopa de frango, gelatina de frango, frango grelhado, frango desossado, frango frito, frango cozido, frango frio e torta de frango!

Depois que terminamos o café da manhã, fomos obrigados a permanecer onde estávamos até o trem chegar a alguma estação. Então o vagão-restaurante foi desconectado do comboio e voltamos para o outro vagão, ficando novamente trancados até o final da jornada. O caminho para Cândi é famoso pela beleza. Serpenteia montanha acima e é bastante bonito, mas nada assim tão maravilhoso. É um cenário tropical, mas a folhagem e as flores são bastante comuns. A coisa mais bonita para se ver são os canteiros de arroz construídos em terraços. Quando se olha para o vale profundo, vendo terraço após terraço do verde mais suave, temos que exclamar: "Que lindo!".

Chegando finalmente a Cândi, alugamos uma carruagem e fomos ver o lago, a biblioteca pública e os templos. Em um antigo templo, cercado por um fosso, vimos vários altares, sem muita consequência, e um pedaço de marfim que nos disseram ser o dente de Buda. Cândi é bonita, mas não tanto quanto dizem. Disseram-me que era fria, mas achamos tão quente que sentimos saudade de Colombo. Desgostosos com tudo o que achamos que valeria a pena ver, dirigimo-nos a Peradeniya para ver o grande jardim botânico. Nossa visita foi bem recompensada.

Naquela noite, voltamos a Colombo, e eu estava cansada e com fome. O calor extremo me deu uma dor de cabeça enjoada. No caminho, o senhor espanhol esforçava-se para manter nosso ânimo, mas cada palavra que dizia apenas ajudava a aumentar meu mau humor, para a diversão do garoto irlandês. Aquele espanhol era muito educado e gentil, mas tinha uma maneira infeliz de contradizer os outros que era, para dizer o mínimo, muito irritante — para mim, pelo menos, mas fazia o garoto irlandês rir. Quando estávamos descendo a montanha, o espanhol levantou-se e, de pé, enfiou a cabeça pela janela aberta para ter uma melhor vista da região.

— Vamos descarrilhar — disse ele com convicção, virando-se para nós.

Eu estava encostada em um canto, tentando dormir, e o garoto irlandês, com os pés apoiados na extremidade do compartimento, estava tentando fazer o mesmo.

— Não vamos descarrilhar — consegui dizer, enquanto o irlandês ria.

— Sim, vamos — o espanhol gritou de volta. — Façam suas orações!

O garoto irlandês começou a gargalhar e eu esqueci meu enjoo enquanto me segurava e ria. Foi uma coisinha à toa, mas muitas vezes são detalhes que provocam os risos mais hilariantes. Depois disso, tudo o que eu precisava fazer para perturbar a seriedade do garoto irlandês era dizer: "Façam suas orações!".

Naquela noite, fui dormir sentindo-me demasiado mal para jantar. Na manhã seguinte, pretendia ir ao mercado de pérolas, mas estava indisposta, e quando meus conhecidos retornaram e me disseram que, no final da venda, um homem comprou algumas sobras de ostras por uma rúpia e descobriu dentro delas pérolas que valiam quinhentos dólares, senti pena por não ter ido com eles, embora houvesse grande perigo de contrair cólera.

Um dia, ouvi um homem perguntar a outro se sabia o significado da palavra "riquixá". O primeiro respondeu que significava "homem-força-carro", e o segundo disse, com surpresa inocente: "eu pensei que era 'puxar-carro-homem!'".[25] Ouvi um passageiro que desembarcou de um barco australiano pedir a Andrew, um esperto nativo que fica na porta do hotel, para levá-lo a "um daqueles carros" para dar uma volta. Andrew não sabia exatamente o

---

25 Trocadilho intraduzível. *"pull man car"* significa *"puxar homem carro"*, mas soa como *"Pullman Car"* (vagões Pullman), vagões ferroviários muito famosos à época. A palavra *"riquixá"*, de fato, tem como origem o termo chinês ou japonês, 人力車, formado pelos caracteres de *"homem"*, *"força"* e *"carro"*.

que o homem queria, pois havia muitos tipos diferentes de carros.

— Não lembro o nome deles — disse o passageiro, de maneira hesitante —, mas acredito que você os chama de 'jim-jams!".

E ele pegou um riquixá.

CAPÍTULO X
Nos mares dos piratas

Certa noite, depois de passar cinco dias em Colombo, o quadro-negro no corredor do hotel trouxe a informação de que o *Oriental* navegaria para a China na manhã seguinte, às oito horas. Fui chamada às cinco horas e um pouco depois disso parti para o navio. O "ministro", como chamamos o espanhol, queria que eu fosse com ele a algumas lojas para que comprasse joias, mas eu estava tão nervosa e ansiosa para seguir meu caminho que mal podia esperar um minuto a mais do que o necessário para chegar ao barco que me levaria à China.

Depois das despedidas e já a bordo do Oriental, vi que minha paciência havia se esgotado muito antes do longo atraso. O navio parecia estar deserto quando entrei no convés, com a exceção de um senhor elegante, acompanhado por um jovem loiro em um terno de linho branco, que lentamente passeavam pelo convés, olhando para o mar enquanto conversavam. Eu estava tentando desamarrar minha espreguiçadeira para ter um lugar para me sentar, quando o homem idoso se aproximou e se ofereceu educadamente para me ajudar.

— Quando vamos zarpar? — perguntei um tanto ríspida.

— Assim que o Nepaul chegar — ele respondeu. — Era para ele estar aqui ao amanhecer, mas ainda não foi avistado. Esperar pelo Nepaul nos deu esse atraso de cinco dias. É um barco velho e lento.

— Que vá para o fundo da baía quando entrar! — eu disse ferozmente. — Essa banheira velha! Eu acho um ultraje ficar esperando cinco dias por uma banheira assim.

— Colombo é um lugar muito agradável de ficar — disse o senhor com uma piscadela.

— Pode ser, se a vida da gente não dependesse de partir. A sério, eu teria o maior prazer em ver esse Nepaul no fundo do mar.

Evidentemente, meu mau humor os surpreendeu, e aquilo me fez pensar no quanto seria difícil alguém perceber o que esse atraso significava. Só de pensar em mim — desamparada, rastejando de volta para Nova York com dez dias de atraso, com um olhar de vergonha no rosto e com medo de ouvir o que as pessoas diriam — já me fazia gargalhar. Eles olhavam para mim com espanto, enquanto eu ria desbragadamente da minha situação nada invejável. Com o riso, emergiu o melhor que há em mim e, quando pude voltar a falar, disse:

— Tudo o que acontece é por um bom motivo...

— Lá está o Nepaul — apontei para uma linha de fumaça visível acima do horizonte.

Eles duvidaram, mas em poucos momentos provei que estava correta.

— Estou de mau humor — eu disse, passando dos olhos azuis gentis do senhor para os olhos azuis risonhos do jovem —, mas não pude evitar. Depois de um atraso de cinco dias, fui convocada às cinco da madrugada porque disseram que o navio deveria zarpar às oito, e já são nove horas e não há sinal de o navio partir, e eu estou simplesmente faminta.

Enquanto riam dos meus problemas, o gongo soava para o desjejum e eles desceram comigo. O rapaz irlandês, de olhos brilhantes e risada alegre, estava lá, assim como um jovem inglês que também viajara no Victoria para Colombo. Eu o conhecia de vista, mas como ele era um misógino de carteirinha, não ousei falar com ele. Não havia mulheres a bordo. Eu era a única naquela manhã, e que alegre desjejum tivemos.

O capitão, um homem de belíssima aparência, e tão educado e cortês quanto bonito, sentou-se na cabeceira. Comissários, dos que dariam orgulho a qualquer navio, estavam reunidos em torno dele. Bonitos, de boa índole, inteligentes, educados — eram todos e cada um. Descobri que o homem mais velho com quem conversara era o engenheiro chefe, e o mais jovem, o médico do navio.

A sala de jantar era muito bem decorada e agradável, e a comida era boa. O navio, embora muito menor que o Victoria, era muito melhor em todos os aspectos. As cabines eram mais confortáveis, o navio era mais bem ventilado, a comida era muito superior, os oficiais eram educados e de boa índole, o capitão era um cavalheiro de boa aparência e boas maneiras, e tudo era o mais agradável possível. Por vários dias, deixei as coisas acontecerem e não contei nada sobre mim, nem lhes dei a carta que o agente de Londres havia gentilmente enviado. Ela não me tinha servido para obter atenção nem cortesia no Victoria, e decidi me arriscar sem ela no Oriental. Quando vi que a uniformidade da gentileza e a polidez eram a regra naquele navio, dei-lhes a carta e, ainda que o capitão tenha ficado satisfeito em recebê-la, ela não poderia tornar o tratamento dele ainda mais gentil.

Já era uma hora da tarde quando os passageiros foram transferidos do Nepaul para o Oriental. Enquanto isso, o navio foi tomado por mercadores da costa, que vendiam joias e rendas. Como eles trapaceavam os passageiros! Pediam, e algumas vezes recebiam, altos preços pelos objetos, e quando o navio estava prestes a zarpar, as ofereciam por qualquer preço. Também eram muito atrevidos. Ouvi um vendedor responder a um homem que lhe ofereceu um preço baixo por algumas das assim chamadas pedras preciosas:

— Esse não é nem o preço que cobro para mostrá-las.

De fato, eles tornaram-se tão impertinentes e ousados, que fiquei surpresa ao saber que as linhas de vapor não proíbem a presença deles a bordo.

Zarpamos à uma da tarde. O primeiro dia e os dois seguintes foram passados preguiçosamente no convés. Senti um grande alívio por estar de novo no doce azul do mar, sem vista da costa, e livre do sufoco e da preocupação com que, a cada hora, somos obrigados a lidar em terra. Embora o leste seja, em grande medida, livre da terrível corrida pela vida, ainda assim é possível encontrar sinais disso até entre os povos mais indolentes. Apenas nas fronteiras azuis do grande e maravilhoso mar pode-se ser embalado em um descanso tranquilo ao meio-dia ou ao crepúsculo, sentindo que se está flutuando para longe sem ver, sem saber, sem se importar, dos reles mortais que continuam lutando pela vida. Em verdade, os marinheiros também têm de fazê-lo, mas tem um jeito bem distante do acotovelamento do dia a dia. Para os passageiros preguiçosos, parece que eles simplesmente içam uma vela ou a abaixam, para que possam flutuar... sonhar... dormir... bater papo... viver apenas para ser feliz, não para ganhar a vida.

O quarto dia navegando caiu em um domingo. A noite foi passada no convés, admirando as mais belas ilhas verdes pelas quais passávamos vagarosamente. Algumas vezes ficávamos conjecturando se seriam habitadas.

No dia seguinte, ancoramos em Penang, ou Ilha do Príncipe de Gales, um dos Estabelecimentos dos Estreitos.[26] Como o navio precisava compensar o longo atraso em Colombo, disseram-nos que teríamos não mais que seis horas para passar pela costa. Com um conhecido me fazendo companhia, me preparei e estava pronta para ir a terra no momento em que ancorássemos. Fomos até a costa numa sampana, um barco de casco plano e formato estranho, com remos que mais pareciam raquetes amarradas junto à popa. Um malaio remou com uma mão sobre a outra, em pé na popa, com as costas voltadas para nós e de costas para nosso destino. Ele muitas vezes virava a cabeça para ver se o caminho estava livre, operando seus remos diligentemente o tempo todo. Uma vez desembarcados, ele correu até nós no fim do píer, exigindo mais dinheiro, embora já tivéssemos pago a ele trinta centavos, vinte centavos acima da tarifa legal.

Alugando uma carruagem, nos dirigimos ao ponto onde uma cachoeira jorrava de uma montanha naturalmente verdejante, que foi transformada, a meio do cami-

---

26 *Penang, hoje parte da Malásia, era um dos quatro "estabelecimentos" coloniais britânicos na península de Malaca, dissolvidos depois da Segunda Guerra Mundial.*

nho, num agradável jardim tropical. A cachoeira pitoresca não é nada maravilhosa. Eu só conseguia me perguntar de onde viria o suprimento de água, mas depois de caminhar até ficar esbaforida, e ainda bem longe da fonte, concluí que o segredo da cachoeira não valia o esforço.

No caminho para a cidade, visitamos um templo hindu. Mal havíamos entrado, quando um grupo de sacerdotes seminus e descalços correu freneticamente em nossa direção, pedindo que tirássemos nossos sapatos. Como o templo era uma construção vazada, o telhado e as vigas curvas eram utilizados como leitos por pássaros e pombos. Séculos sem conta haviam se passado sobre os pisos de pedra, mas poderia jurar que não passaram mais nada sobre eles, então me recusei enfática e incondicionalmente a tirar as botas. Já tinha visto mais do que o suficiente daqueles ídolos. Um deles era um deus negro em um vestido alegre, o outro era uma pedra preta disforme pendurada com guirlandas de flores, com uma pedra suja na base enterrada abaixo de uma profusão de flores.

O inglês é menos falado em Penang do que em qualquer porto que visitei. Um fotógrafo nativo, quando eu o questionei a esse respeito, disse:

— Os malaios são orgulhosos, senhorita. Eles têm a própria língua e são muito orgulhosos para falar outra qualquer.

Aquele fotógrafo sabia como usar o inglês para levar vantagem. Ele me mostrou algumas reproduções e pedia um dólar por cada uma.

— Um dólar! — exclamei espantada — Isso é muito para uma foto.

— Se senhorita acha que é caro demais, não precisa comprar. Ela sabe melhor que ninguém quanto pode gastar — respondeu ele com uma impávida cara de pau.

— Mas por que são tão caras? — perguntei, nada intimidada com a impertinência dele.

— Presumo que seja porque Penang é muito longe da Inglaterra — replicou displicente.

Depois me contaram que um passageiro do Oriental puxou o nariz, comprido e fino, do fotógrafo, por sua arrogância, e eu gostei de ouvir isso.

Um templo chinês,[27] o primeiro que eu via, era muito interessante. O telhado rosa e branco, curvo como uma canoa, era ornamentado com animais da tribo do dragão, com suas bocas abertas e suas caudas no ar. Os fiéis que se moviam lentamente lá dentro podiam ser vistos da rua, pelas arcadas nas laterais. Lanternas chinesas e ornamentos dourados davam alegria ao interior escuro. Pequenos *josses*, com as usuais porções de arroz, porco assado e incenso ardendo, exalando um perfume doce estranho, não eram mais interessantes do que um canto escuro onde supersticiosos tentavam a sorte, uma multidão maior do que a que cercava os altares. De fato, a única devota era uma chinesa de cabelos encerados, com um bebê marrom de olhos estreitos amarrado nas costas, curvando-se mansa e humildemente diante de um ídolo pintado e coberto de pulseiras.

---

27 *Nellie chama o templo de "Joss House", um antigo termo inglês para templos e conventos asiáticos. O termo "joss", no sentido de "ídolo" vem da pronúncia inglesa para a palavra portuguesa "deus", por intermédio do javanês.*

Alguns sacerdotes com cabeça raspada e vestuário de seda em ouro velho, que estavam num gazebo no jardim, nos avistaram quando estávamos admirando o lago de peixes dourados. Um deles veio em nossa direção e, tomando-me pela mão, gentilmente levou-me onde estavam reunidos. Eles expressaram o desejo de que nos sentássemos e tomássemos chá com eles, sem leite e sem açúcar, em taças de porcelana tamanho infantil, que tornavam a encher com tanta frequência que eu fiquei agradecida pelo tamanho mínimo das taças. Fomos incapazes de trocar palavras, mas sorrimos generosamente um para o outro.

A prata mexicana é usada quase exclusivamente em Penang. A prata americana também é aceita pelo mesmo valor, mas o ouro americano é recusado e o papel-moeda é visto com desprezo. Os homens chineses do riquixá em Penang, comparados com aqueles de Colombo, parecem supernutridos. Eram os chineses mais gordos que eu já vi; com pernas e braços rechonchudos.

Quando começamos a retornar ao navio, a baía estava muito agitada. Ondas enormes sacudiram furiosamente nosso barquinho, de uma maneira que deixou branco o rosto do meu acompanhante e o fez debruçar pela amurada como se não houvesse amanhã. Não pude deixar de comparar o mar com uma coquete, tão indiferente e desatenta das estranhas emoções que fazem surgir no peito do homem. Uma prancha que não parava no lugar nos deu acesso à escada do navio, e os solavancos da barcaça que trazia o carvão ajudavam a aumentar a ondulação que ameaçava nos engolir. Mal havíamos chegado ao convés quando ordenaram que a barca fosse desatracada; e antes que isso acontecesse o navio levantou âncora e seguiu seu rumo. Quase que imediatamente houve uma grande confusão a bordo. Por volta de cinquenta homens negros esfarrapados correram freneticamente pelo convés para descobrir que, enquanto depositavam seus últimos sacos de carvão, sua barcaça e seus companheiros haviam se retirado e estavam rapidamente se aproximando da costa. Então seguiram-se gritarias e lamentos, mãos estendidas, puxar de trancas e gritos para a barcaça que se distanciava, tudo em vão. A maré estava chegando, e bem forte, e apesar dos esforços dos que estavam nela, a barcaça foi varrida para a costa.

O capitão apaziguou o medo dos estivadores, dizendo que eles poderiam partir usando o barco do prático. Reunimo-nos para ver a cena e foi bem engraçada! Com o rebocador amarrado ao navio, primeiro tentaram tirar os homens sem desacelerar, mas depois que um deles deu um perigoso mergulho e ameaçou afundar o rebocador, o navio foi forçado a desacelerar. Alguns estivadores deslizaram por um cabo, seus companheiros agarrando-os e puxando-os molhados e lívidos de medo para o cabo. Outros desceram a escada que, por um metro e meio, não tocava o barco do prático. Os que já estavam a bordo agarraram as pernas nuas do pendurado, enquanto ele se agarrava desesperadamente à escada, e só a soltou quando os oficiais do navio ameaçaram derrubá-lo.

O prático, um nativo, foi o último a sair. Então o cabo foi retirado e partimos vendo o rebocador, que de tão sobrecarregado, os homens não tinham nem como se mover, arrastados pela maré em direção ao local onde vimos a terra pela última vez.

Minha cabine ficava inicialmente na parte debaixo e lá encontrei pouco descanso porque bem próximos estavam uma babá e dois bebês cujos pais, sabiamente, escolheram uma cabine do outro lado do navio. Eles conseguiam descansar em paz. Depois de eu ter sido despertada várias vezes no raiar do dia pela algaravia das crianças, fui criando um rancor contra os pais. A mãe se achava a rainha da beleza. Tinha um nariz fino, isso todos reconheciam, e reduzira o marido a um estado de servidão e sujeição tal que não precisava de criadas.

Sempre confessei que gosto de dormir de manhã, assim como gosto de ficar acordada à noite, e ter meu sono perturbado me deixa de mau humor, assim como um mau jantar estraga o humor de um homem. O pai carinhoso dessas crianças tinha o hábito de vir cedo pela manhã para ver seus querubins, antes de seguir para o banho. Sei disso porque eu ouvia tudo o que falava. Ele abria a porta da cabine e, na voz mais alta, fria e antipática do mundo, me arrancava totalmente do meu sono, gritando:

— Bom dia! Como está a família do papai esta manhã?

Um conglomerado confuso de vozes soava em resposta, então ele gritava:

— O que o bebê diz à mamãe? Diga: o que o bebê diz à mamãe?

— Mama! — a criancinha por fim gritaria de volta com a voz roufenha e atonal de bebê.

— O que o bebê diz ao papai? Diga-me, bebê, o que o bebê diz ao papai?

— Papa! — responderia de volta com agudo estridente.

— Como a vaca Mu-mu faz, meu tesouro? Diga ao papai como faz a vaca Mu-mu.

O bebê nada respondia, e ele novamente berrava:

— Como a vaca Mu-mu faz, meu tesouro? Diga ao papai como faz a vaca Mu-mu.

Se tivesse sido somente uma ou até duas vezes, eu teria suportado com civilidade, mas depois de se repetirem, as mesmas palavras por seis longas e cansativas manhãs, eu não me segurei e, quando ele disse: "Diga papai como a vaca Mu-mu faz?", gritei histericamente:

— Pelo amor de Deus, bebê! Diga ao papa como a vaca Mu-mu faz e me deixa dormir!

Seguiu-se um silêncio soturno carregado de indignação e surpresa, e eu fui dormir sonhando em ser perseguida através de uma ladeira lamacenta abaixo por bebês montados em vacas com chifres tortos, chifres retos ou sem chifres, todos cantando com uma voz melodiosa de vaca, muu, muu, muu!

Os pais carinhosos não voltaram a falar comigo depois disso. Eles me olhavam com desprezo, e quando a mulher teve enjoo do mar, persuadi uma conhecida dela a ir vê-la um dia dizendo que era seu dever como cristã. A mãe carinhosa não permitia que o doutor do navio a visitasse, e o marido tinha que relatar os males dela ao doutor para, desse modo, receber a prescrição. Eu sabia que havia alguma coisa que ela queria manter em segredo. A mulher, fiel ao meu conselho, bateu à porta; não escutando nenhuma voz e pensando que o som havia se perdido no barulho do mar, a abriu. A mãe carinhosa olhou para cima, a viu e, gritando, enterrou seu rosto nos travesseiros. Ela não tinha dentes, nem cabelo! A samaritana, assustada, não esperou para ver se a mulher tinha uma perna de pau! Arrependi-me depois e mudei-me para uma cabine no convés onde logo esqueci a vaca Mu-mu e os pais carinhosos. Mas a fama de beldade daquela mulher estava irremediavelmente arruinada naquele navio.

Estava tão quente e abafado no Estreito de Malaca que, pela primeira vez na minha viagem, assumi que me sentia desconfortável de tanto calor. Era um mormaço denso e tão úmido que a tudo enferrujava, até as chaves nos bolsos, e os espelhos ficavam tão embaçados que deixavam de refletir. Segundos depois de deixarmos Penang, passamos por belas ilhas verdes. Havia muitas histórias sobre quando os estreitos eram infestados de piratas, e lamentei quando soube que eles já não andavam por lá, tal era a minha vontade de passar por uma nova experiência.

Esperávamos alcançar Singapura naquela noite. Estava ansiosa para que assim fosse porque, quanto mais cedo chegássemos, mais cedo partiríamos, e cada hora perdida contava para mim. O prático voltou às seis. Aguardei tremulamente pelo seu veredito. Uma onda de desespero me varreu quando ouvi que deveríamos permanecer ancorados até a manhã seguinte, porque era muito perigoso tentar atracar no porto no escuro. E essa foi a consequência de termos desacelerado para que os estivadores de Penang pudessem desembarcar. O contrato de correio obrigava o navio a permanecer no porto por 24 horas, e embora estivéssemos consumindo o tempo de estada e assim ajudando minha corrida contra o tempo, eu estava desperdiçando horas preciosas diante dos portões da esperança por conta de estivadores lentos. Essas poucas horas poderiam significar perder o embarque em meu navio de Hong Kong e acarretar dias a mais na viagem. Que agonia de suspense e ansiedade sofri naquela noite!

Quando cheguei ao convés na manhã seguinte, o navio havia encostado no píer, e estivadores chineses nus carregando, dois a dois, cestas de carvão suspensas entre eles numa vara, estavam constantemente atravessando a prancha entre o navio e a costa, enquanto em pequenos barcos em volta havia mascates com sedas, fotografias, frutas, rendas e macacos para vender.

O doutor, um jovem galês e eu alugamos um *gharry*, uma charrete leve com janelas de treliça e espaço confortável para quatro pessoas com o assento do motorista no mesmo nível do lado de fora. Eles são puxados por um pequeno pônei malaio sarapintado, cuja velocidade é maravilhosa em comparação ao seu diminuto tamanho e a resistência é de tal qualidade que a lei limita seu horário de trabalho.

Atravessando uma pitoresca estrada tão suave quanto um salão de baile, sombreada por árvores enormes e ladeada por casas nativas construídas sobre palafitas em terras pantanosas — o que atenuava nossa surpresa com o grande número de cemitérios e pela maneira generosa com que estavam preenchidos —, chegamos enfim à cidade. Os túmulos eram estranhos, montinhos redondos com muros em forma de ferradura. Uma placa onde o monte termina e o muro começa ostenta as inscrições em letras coloridas.

Não há calçadas em Singapura, e azul e branco na pintura das casas predominavam sobre todas as outras cores. Aparentemente, as famílias ocupavam o segundo andar, o de baixo sendo em geral utilizado para os negócios. Através das janelas de treliças, conseguíamos espreitar as chinesas com vestidos alegres, bebês embrulhados em panos disformes, enquanto logo abaixo, por entre os amplos portões, podíamos ver pessoas trabalhando. Barbearia é o principal negócio. Uma cadeira, um pente, uma bacia e uma navalha eram todas as ferramentas que um homem precisava para abrir uma delas, e ele encontrava muitos clientes, seja cortando no meio da rua ou sob um teto. Sentados e curvados, os homens chineses têm suas cabeças raspadas quase até a coroa, onde um pedaço, do tamanho de um pires pequeno, é deixado para permitir um punhado de cabelo, como um rabo-de-cavalo. Quando trançado e finalizado com um laçarote de seda, o cabelo do homem chinês está "pronto" para a próxima quinzena.

As pessoas aqui, como em outros portos onde parei, estão constantemente mastigando nozes de areca e, quando riem, dão a impressão de que beberam sangue. A noz de areca mancha os dentes de um vermelho sanguíneo. Muitos nativos também gostam de pintar as unhas com elas.

Nada é mais frequentado do que os riquixás em Singapura, e embora possam ser alugados por dez centavos a hora, não é incomum ver quatro pessoas empilhadas em um riquixá e puxadas por um único homem. Visitamos um museu muito interessante e vimos, ao longo das estradas do interior, os belos bangalôs dos cidadãos europeus. Pessoas em carroças e ciclistas ocupavam as esplêndidas avenidas.

Encontramos a jaula dos macacos, é claro. Ao lado de vários macacos pequenos, havia um enorme orangotango. Era do tamanho de um homem, e coberto de longos pelos ruivos. Embora parecesse muito esperto, ele tinha um olhar distante, de olhos escancarados e alheios, enquanto puxava seus longos pelos ruivos sobre a cabeça de uma maneira insana e sem sentido, que nos fascinava. O médico queria lhe dar uma noz, mas temia passar a mão pelas barras. A grade era estreita demais para que o camarada passasse a mão, mas ele não admitiria a frustração, então apenas enfiou os lábios pelas grades até que eles se estendessem por uns dez centímetros. Caí na gargalhada com a cena cômica. Eu tinha ouvido falar de bocarras, mas essa superou qualquer coisa que eu já havia visto, e eu ri até nosso amigo sorrir de volta. Ele conseguiu a noz!

O doutor ofereceu a ele um cigarro. Ele não o pegou, mas tocou nele com as costas da mão. Em seguida, cheirou a mão e depois se acalmou naquele estado sonhador, puxando o cabelo sem sentido por cima da nuca.

No posto telegráfico, no segundo andar de um edifício, encontrei os agentes conversando em inglês. Eles aceitariam a prata americana com o valor um-para-um, mas não quiseram tocar em nossa outra moeda. O banco e o correio ficam em lugares abertos no térreo com tanto conforto e estilo como é encontrado nos armazéns dos cais. Chinês e inglês são falados em ambos os lugares.

Jantamos no Hôtel de l'Europe, uma construção comprida e baixa, situada num gramado largo e verde, com uma linda esplanada, voltada para o mar. Em cima, na varanda, havia longas mesas brancas, onde um fino jantar era servido pelos chineses.

Ao voltar da Casa do Governador, ouvi um barulho estranho e esquisito, como se fossem muitos instrumentos numa terrível confusão e discórdia, muito parecidos com o som de um comício na noite seguinte às eleições presidenciais.

— É um funeral — meu condutor malaio anunciou.

— Sério? Se é assim que eles fazem funerais aqui, eu tenho que ver — eu disse.

Então, ele puxou a carruagem para o lado onde esperamos avidamente pelo funeral que era anunciado pelo alarido de trombetas. Primeiro, vieram alguns chineses com bandeiras pretas e brancas de cetim, as quais eram agitadas freneticamente, o que resultou em dispersão na estrada de veículos e pedestres. Logo vieram músicos cavalgando pôneis malaios, soprando flautas, tocando pratos, batendo tom-tons, martelando gongos e batendo compridos pedaços de ferro, com toda a força e vontade. Outros homens vieram em seguida carregando longas varas com porcos assados e lanternas chinesas, grandes e pequenas, enquanto na retaguarda vinham os porta-estandartes. Os homens a pé usavam calças brancas e sandálias, com uma túnica azul por cima, enquanto os carregadores de caixão vestiam roupas pretas amarradas com uma trança azul. Havia provavelmente quarenta carregadores. O caixão, que repousava sobre longas estacas suspensas nos ombros dos homens, estava escondido sob um pano escarlate com pintas brancas, e acima, um arco com decorações de lanternas chinesas ou bexigas infladas. Os enlutados seguiram em uma longa série de carruagens. Estavam vestidos de cetim branco da cabeça aos pés e pareciam as pessoas mais felizes do funeral. Observamos até que o barulho desaparecesse ao longe, quando retornamos à cidade tão encantados como se tivéssemos visto um desfile de circo.

— Eu não perderia isso por nada — disse-me o Dr. Brown.

— E nem poderia — respondi rindo —, eu sei que eles montaram isso só para nós.

Então, rindo e brincando sobre aquilo que para nós em nada sugeria a morte, voltamos para ver os templos. Nenhum de nós tinha permissão para passar por baixo do portão do templo maometano, então fomos para um templo hindu. Era um edifício baixo de pedra, cercado por um muro alto. No portão que levava a ele havia uma superabundância de mendigos, grandes e pequenos, coxos e cegos, que pediam esmolas, tocando suas testas respeitosamente. O templo estava fechado, mas alguns sacerdotes correram para nos advertir a não pisar na sagrada e imunda passagem de pedra que levava a ele com os sapatos calçados. Sagrado para mim seria se eu tivesse que pisar naquilo descalça! Meus camaradas foram informados de que se tirasse os sapatos a entrada lhes seria permitida, mas o privilégio seria negado a mim, por eu ser uma mulher.

— E por quê? — exigi, curiosa para saber porque meu sexo em terras quentes me excluiria de um templo, do mesmo modo como nos Estados Unidos me limita às entradas laterais de hotéis e outras coisas estranhas e incômodas.

— Não senhora, não mulher![28] — o sacerdote disse balançando a cabeça.

— Eu não sou mãe! — exclamei tão indignada que minhas companhias caíram na risada, a qual me juntei um pouco depois, mas minhas reclamações não surtiram efeito no sacerdote. Ele não me permitiria entrar.

Em alguns galpões que ladeavam a parte interna do muro alto, havia várias carroças de estilo pesado, com formas fantásticas. Eram provavelmente *juggernauts*.[29] Perto

---

28 *O sacerdote falou em português, no dialeto asiático chamado de "kristang". Nellie entendeu "mulher" como "mother".*

29 *Juggernaut é um enorme e pesado carro votivo usado em procissões do rito hindu. Em inglês, tornou-se sinônimo de "avassalador" ou "impiedoso" quando os primeiros viajantes ocidentais comentaram que o carro não parava diante dos devotos que caíam (ou se lançavam) em seu caminho, esmagando-os.*

dali, vimos através das grades uma imagem em madeira de uma mulher. Sua forma não era nem singela nem delicada: suas características eram diabólicas na expressão e da sua boca caía um longo fio de contas. Como mãe de família pobre, ela teria um grande sucesso. Em vez de um par de braços, ela tinha quatro. Com um par, segurava diante de si um bebê rijo de madeira enquanto os outros três pares de braços cuidavam de si mesmos, como as patas de um caranguejo. Mostraram-nos um cavalo branco de madeira montado sobre rodas, imagens dos mais horríveis demônios; em resumo, vimos tantas imagens de formas tão medonhas que seria impossível recordar todas. Lembro-me de uma cabeça, na qual eu estava muito interessada, mas o inglês limitado do sacerdote não permitiu satisfazer minha curiosidade sobre quem, o quê e com que finalidade a coisa foi inventada.

Era apenas uma cabeça, mas devia ter quatro metros de altura e a mesma proporção na largura. O rosto de cor escarlate viva e os olhos eram bem fechados. No gramado, presa a uma pequena estaca, havia uma vaca branca, a única apresentável que vi durante minha viagem. Notei que o médico mantinha os olhos bem atentos nela enquanto ela balançava prazerosamente a cabeça.

— Tenha cuidado — ele disse de maneira nervosa para mim. — Eu acredito que é a vaca branca sagrada.

— Ela parece velha e forte o suficiente para se tornar sagrada aos olhos de um açougueiro! — respondi.

— Se ela for a vaca sagrada — continuou ele, apesar da minha leviandade — e vier em nossa direção, eles vão achar ótimo se essa besta matar um infiel. Essa estaca não parece muito forte.

Então, para acalmar os medos do médico, deixamos a velha vaca e os deuses para trás.

Em Singapura, assim como em outros lugares, as pessoas são divididas por classes sociais. Lá, eles não esperam que um vizinho diga ao outro ou que os jornais informem ao público sobre sua posição, mas qualquer homem, mulher e criança carrega sua marca em pó cinza na testa para que todo o mundo possa olhar e saber sua casta.

Paramos na humilde casa do motorista a caminho do navio e lá no térreo avistei sua linda e pequena esposa malaia enrolada em uma peça de linho, e vários bebês marrons nus. A esposa tinha um grande anel de ouro no nariz, anéis nos dedos do pé e vários na beirada das orelhas, bem como ornamentos de ouro nos tornozelos. Na porta da casa deles havia um macaco. Eu resistira à tentação de comprar um de um menino em Porto Saíde e também sufoquei o desejo de comprar outro que uma garota cingalesa me ofereceu em Colombo, mas quando vi o macaco minha força de vontade cedeu e comecei imediatamente a barganhar por ele. E o consegui.

— O macaco morde? — perguntei ao motorista, e ele o pegou pela garganta, segurando-o para que eu o admirasse enquanto respondia:

— Macaco não morde.

Naquelas circunstâncias, ele nem poderia.

CAPÍTULO XI
Contra a monção

Naquela noite, zarpamos para Hong Kong. No dia seguinte o mar estava agitado e ventos fortes contrários tornavam a viagem mais lenta do que esperávamos. Por volta do meio-dia, quase todos os passageiros desapareceram para suas cabines. A agitação piorou e o cozinheiro pôde aproveitar umas férias. Havia certa irritação entre os passageiros que permaneceram no convés. Durante o jantar, o imediato começou a relatar as aflições das pessoas que ele tinha visto sofrendo do terrível mal-estar que tratava agora de derrubar até o capitão. Escutei-o por um bom tempo, simplesmente porque não pude deixar de ouvir; e se havia alguma coisa que o prático fazia bem era contar anedotas. Por fim, uma de suas histórias me fez levantar da cadeira e correr, tão vívida que era, e no momento em que o médico, que estava sentado em frente, me viu sair, levantou-se e me seguiu. Consegui superar meu enjoo sem ter de pôr para fora, mas o doutor entregou os pontos completamente. Voltei ao jantar para descobrir que aquele que fora a causa de nossa agonia havia desaparecido. Quando o vi mais tarde, seu rosto estava pálido e ele confessou contrito que sua piada realista o deixara até ele mesmo enjoado.

Nas vezes seguintes em que voltamos a passar por apuros, o doutor sempre me diria suplicante:

— Por favor, não comece, porque se você começar eu vou ter que ir também.

A terrível ondulação do mar durante a monção era a coisa mais linda que eu já vira. Sentava-me sem fôlego no convés, observando a proa do navio erguer-se sobre uma onda e depois descendo de cabeça, como se pretendesse nos levar ao fundo. Alguns homens não faziam segredo de estar enjoados e se esticavam em suas cadeiras no convés, onde esperavam conseguir um sopro de ar fresco. Embora houvesse uma terrível ondulação, a atmosfera ainda estava pesada e úmida. Às vezes parecia que iria sufocar. Um homem que andava bem "atencioso" comigo ficou mareado. Fiquei aliviada ao ouvir isso, ainda que tenha me sentido um tanto cruel ao ver seu rosto pálido e ouvi-lo implorar por compaixão. Por mais que me achasse insensível, não poderia ter solidariedade com um homem enjoado. Houve um esforço por parte de outros para provocar o pobre camarada. Quando eu me sentava no convés, eles tiravam cuidadosamente todas as cadeiras, exceto as ocupadas por eles mesmos, mas isso pouco importava para o homem mareado. Ele se enrodilhava quietinho sobre as esteiras, aos meus pés, e lá se posicionava, em agonia, olhando para mim.

— Você pode achar que não estou desfrutando as férias, mas estou — ele me disse lamentosamente um dia.

— Você não sabe o quanto eu posso parecer atraente — disse o homem pateticamente em outro momento. — Se pudesse ficar pelo menos uma semana em Hong Kong, veria como eu posso parecer bonito.

— De fato, tal fenômeno poderia me levar a permanecer lá por seis semanas — eu disse friamente.

Por fim, alguém lhe disse que eu estava noiva do prático, que não aprovava minhas conversas com outros homens, pensando que isso o faria parar de me seguir, mas apenas serviu para aumentar sua devoção. Ao encontrar-me sozinha no convés em uma noite tempestuosa, ele se sentou aos meus pés e, segurando os braços da minha cadeira, começou a falar de uma maneira estranha.

— Você acha que vale a pena viver? — perguntou.

— Sim, a vida é muito doce. Pensar na morte é a única coisa que me traz infelicidade — respondi com sinceridade.

— Você não compreende isso, ou então não pensaria assim. Eu poderia tomá-la em meus braços e pular no mar, e antes que eles percebessem, estaríamos descansando — disse ele, apaixonadamente.

— E quem é que sabe? Pode não ser um descanso — comecei a falar, e ele interrompeu agitado.

— Eu sei, eu sei. E posso lhe mostrar. Vou provar isso. A morte por afogamento é como um sono tranquilo, como ir embora lentamente.

— É mesmo? — perguntei, fingindo interesse. Temia me levantar, pois senti que qualquer movimento poderia resultar na minha sepultura sob o mar revolto.

— Se você sabe, então me diga. Explique-me.

Engoli a seco, uma sensação de frio rastejando sobre mim quando percebi que estava sozinha com o que, naquele instante, era um homem louco. Assim que começou a falar, vi o prático subir ao convés e avançar lentamente em minha direção. Não ousei chamá-lo. Não ousei sorrir para que ele não notasse. Temia que o prático fosse embora, mas não, ele me viu, e para provocar aquele sujeito tão devotado, veio na ponta dos pés e bateu nas costas do pobre coitado, dizendo:

— Que bela cena de amor!

— Venha — eu gritei, escapulindo antes que o homem assustado pudesse se dar conta do que passava.

O prático, ainda no espírito da brincadeira, pegou minha mão e corremos para baixo. Contei a ele e ao capitão o que havia se passado e o capitão queria trancafiar o homem, mas implorei que ele fosse deixado livre. Tomei cuidado depois de não passar um momento sozinha e desprotegida no convés.

Os parses, que viajavam na primeira classe, tiveram que mudar para o convés inferior quando o mar ficou agitado demais. Agradecemos a tempestade pelo menos por isso, porque eles tinham o hábito peculiar de tirar as sandálias quando se sentavam. Como não usavam meias, o hábito era desagradável.

O médico afirmou a sério que cada vez que se sentava vinha um parse se agachar bem ao lado, tirando o sapato e mostrando seu pé marrom e descalço para quem quisesse ver.

O macaco provou ser um bom marinheiro. Um dia, quando o visitei, descobri que os jovens estiveram brindando a sua saúde — com ele. O macaco apoiava a cabeça inchada quando entrei e, evidentemente, pensando que eu era a causa da sua ressaca, pulou para cima de mim, pondo-me a correr em busca de segurança.

O convés superior (também chamado de "convés dos furacões") era um ótimo refúgio para os namorados, pelo que me contou o comandante Sleeman. E ele bem o sabia, porque me falou bastante sobre duas garotas americanas que haviam viajado ao Egito, creio eu, a bordo do Thames, quando ele era o primeiro oficial do navio. Ele havia perdido o endereço delas, mas ainda estavam em seu coração, pois ele dera uma *philopoena* a uma delas e, já que não sabia onde ela morava, guardou a philopoena dele em um banco até ter mais informações sobre o paradeiro da jovem.[30]

Os amantes não eram abundantes no Oriental: não havia tantos passageiros assim. O "ministro espanhol" tinha um olho para a beleza e um coração romântico e, embora levasse a bordo uma vida das mais pacatas, era a própria essência da galanteria.

— Estive profundamente apaixonado por uma mulher certa vez. Viajando no mesmo navio comigo estava uma linda mulher, a mais linda, de fato. Fiquei olhando para ela e ela para mim; meus olhos disseram que eu a admirava e seus olhos me responderam que isso lhe agradava. Dois homens viajavam com ela. Um dia eu, desastrado, esbarrei com ela no corredor e disse: "queira me perdoar, senhorita!". Com o que ela me respondeu em voz baixa e triste: "queira me perdoar: 'senhora'..." Quando ela chegou para o jantar naquela noite, seus olhos estavam vermelhos de chorar. Flagrei seu olhar; ele falava tristemente para mim, seus lábios tremendo como o de uma criança magoada. Bebia bastante vinho, mas um olhar meu a fez afastar o copo para longe. Seu marido, pois que ela era casada, era

---

[30] *Philopoena era um costume galante, popular na Alemanha. Quem encontrasse uma noz dupla (geminada) oferecia a alguém do sexo oposto em quem estivesse interessado. Quando os dois voltassem a se encontrar, aquele que primeiro exclamasse "**philopoena!**" deveria ganhar um presente do outro.*

um sujeito brutal, e meu amor pela linda mulher quase me fez esquecer minha família e a dela na minha ânsia de tê-la como companheira do meu coração. Eles partiram no primeiro porto. Fiquei no convés vendo-os desembarcar. O marido e seus camaradas desceram os degraus. Quando estava para segui-los, me avistou e parou. Os olhos dela me diziam tão claramente quanto a fala, "basta dizer uma palavra, e serei sua", e embora meus sentimentos me impelissem a saltar atrás dela, hesitei em tocá-la, e meus olhos sofridos disseram: "Vá! Seja uma boa mulher". Ela desceu lentamente para dentro do barco. Pondo-se na ponta dos pés ao entrar, estendeu os braços para mim e com um grito desesperado caiu sem sentidos no barco! Eu nunca mais a vi, nunca soube o nome dela, mas sei muito bem que a linda mulher me amava!

— E você? — disse inquisitivamente.

— Eu? — retrucou com um leve encolher de ombros, acompanhado de uma risada fria, que não era desagradável de ouvir e que de alguma maneira me lembrava o som da água pingando num dia quente.

— Ah, ela era uma linda mulher, muito, muito linda, a mais linda, de fato, mas eu tenho um filho mais velho que a *señorita* e sou devoto à minha família.

Sem paciência para isso, virei-me para um inglês sentado do outro lado.

— Por que os ingleses sempre dizem "Dear me!" — perguntei, marota.

— *Dear me!* Nós falamos isso? Não sei dizer. Por quê?

— É porque vocês dão muito valor a si mesmos — respondi, rindo.

— *Dear me!* Sério? — foi tudo o que ele disse em resposta.[31]

— É muito esperta... Agora: pode me dizer por que Eva não pegou sarampo? — perguntou depois de um tempo.

— Porque ela já teve — eu disse, carregando no sotaque nova iorquino.[32]

— *Dear me!* — ele exclamou, enquanto corria para baixo para se fortalecer com uísque e soda.

É incrível a quantidade de uísque e soda que os ingleses consomem. Eles bebem em todos os momentos e lugares. Havia um inglês no Oriental que bebia uísque e soda o dia inteiro, meia dúzia de vinhos diferentes no jantar e depois reclamava, toda vez que ele deixava cambaleante a mesa, que a lista de vinhos não tinha variedade!

E por falar em encrenqueiros, certa vez uma mulher disse ao imediato que ela queria uma cabine bem em cima da hélice, para poder ver quando o navio estivesse indo adiante! Ela conseguiu, e foi a mulher com mais enjoo que eu já vi. Outro passageiro reclamou que os beliches tinham colchões de molas!

Uma noite, durante a monção, o mar varreu o navio de uma maneira assustadora. Deparei com minha cabine cheia de água, que, no entanto, não alcançou meu beliche. Escapar para o convés inferior era impossível, já que não dava para distinguir o convés do mar revolto e agitado. Ao engatinhar de volta para o beliche, fui tomada

---

31 *"Dear me" é uma interjeição inglesa da época, equivalente a "nossa!" ou "céus!". Nellie faz um trocadilho, intraduzível, porque "dear me" pode tanto significar "meu deus!" como "quanto eu sou caro!".*

32 *Trocadilho: "because she'd had' em" soa como "Adam" (Adão).*

por uma sensação de pasmo e, com ela, um sentimento consciente de satisfação. Pensei que era possível que já tivesse dito minha última palavra a qualquer mortal e que o navio sem dúvida afundaria, e com tudo isso só no que pensava é que ninguém seria capaz de dizer se eu poderia ter dado a volta ao mundo em 75 dias ou não. Pensar nisso foi muito reconfortante naquele momento, porque eu sentia naquela hora que não conseguiria dar a volta nem em cem dias.

Eu poderia ter me preocupado com meu destino fatal e iminente se eu não acreditasse tanto em deixar que as coisas que não podemos mudar sigam seu curso. Se o navio afundar mesmo, pensei, terei tempo para me preocupar com isso enquanto estiver acontecendo. Nenhuma preocupação no mundo poderia mudar o que está para acontecer, e se o navio não afundar, preocupar-me terá sido só uma grande perda de tempo. Então fui deitar e dormi profundamente até a hora do desjejum.

O navio seguia seu rumo laboriosamente através do mar agitado quando fui olhar, mas o convés tinha sido escoado, ainda que não estivesse seco.

Quando saí, o alegre irlandês a quem eu tinha me afeiçoado estava estendido languidamente em uma cadeira de vime com uma garrafa de champanhe em um apoio de braço e uma taça no outro. Cada pequeno movimento do navio o fazia jurar que, quando chegasse a Hong Kong, ficaria lá até poder voltar para a Inglaterra — por terra!

— Tinha que ter visto meu companheiro de cabine ontem à noite — ele disse às risadas quando me sentei ao seu lado.

O homem de quem ele falava, um inglês muito inteligente, era aquele que mantinha uma pose de misógino, e naturalmente nos divertimos de qualquer piada em que ele fosse a vítima.

— Encontrando nossa cabine cheia de água, ele saiu da cama, vestiu uma boia salva-vidas e pulou para fora da cabine com uma caixa de cigarros!

Eu ri até meu queixo doer com a imagem mental apresentada para mim do pequeno e atarracado inglês em uma enorme boia, pulando para fora da cabine com sua caixinha de cigarros! Até mesmo a caixinha de cigarros parecia ter uma obrigação cristã a cumprir. Enquanto eu enxugava as lágrimas de tanto rir, o inglês chegou e, escutando sobre o que estava nos divertindo, disse:

— Enquanto eu pulava para fora da cabine, "o menino" (como chamamos o irlandês com carinho) encarapitou-se na cama de cima, chorando e rezando o tempo todo! Ele tinha certeza de que o navio iria afundar, e eu não consegui convencê-lo a descer do beliche para ajudá-lo a evacuar. Só o que ele fazia era chorar e rezar.

O rapaz respondeu com uma risada:

— É que eu não queria dormir o resto da noite com pijamas molhados — o que só fez o misógino nos abandonar.

Mais tarde, o mar estava aterrorizante. Eu estava sentada no convés quando, de repente, o navio afundou de um lado, como uma carroça em um barranco profundo. Fui jogada na minha cadeira para o outro lado do convés. Um jovem se esforçou para me ajudar justamente no momento em que o navio ia para o outro lado, num barranco marítimo ainda mais profundo. Fui jogada de volta, e somente agarrando uma barra de ferro pude salvar meu pescoço, porque de outro modo teria sido lançada contra a claraboia e cairia no refeitório, no convés abaixo.

Quando me agarrei à barra, vi o homem que havia corrido em minha assistência virar de cabeça para baixo e cair com o rosto no chão. Comecei a rir, de tão ridícula a situação. Quando vi que ele não se levantava, corri para o seu lado, ainda agitada pelos risos. Vi que seu nariz sangrava profusamente, mas fui tão idiota que a visão do sangue apenas serviu para fazer a cena ainda mais ridícula para mim. Ajudei-o a sentar-se e corri para o doutor. Às gargalhadas, consegui transmitir a ele, com dificuldade, o que tinha para dizer. O nariz do homem havia se partido e o doutor disse que ele ficaria com uma cicatriz por toda a vida. Mesmo as outras pessoas riam quando lhes descrevi o acidente e, ainda que eu sinta uma grande pena do pobre coitado, ferido que foi por minha conta, um impulso irresistível de rir tomava conta de mim toda vez que eu tentava contar minha versão da tentativa de me ajudar.

Os passageiros eram um tanto esquisitos. Eu sempre aprecio a esquisitice das pessoas. Um dia, quando estava falando sobre o barco, disse:

— Tudo é tão melhor no Victoria. A comida é boa, os passageiros são refinados, os oficiais são educados e o navio é confortável e agradável.

Quando terminei minhas observações elogiosas sobre o navio, uma noivinha, que estávamos observando há algum tempo, virou-se para nós e disse:

— Sim, tudo é muito bom, mas os salva-vidas não são muito confortáveis para dormir.

Uma expressão de choque se espalhou entre os passageiros, e a sala de jantar toda explodiu em risadas. A noiva disse que desde que saíram em lua-de-mel estavam dormindo com o colete salva-vidas. Achavam que era o que tinham que fazer a bordo de um navio.

Mas eu nunca soube o quanto os passageiros eram esquisitos até que alcançamos Hong Kong, onde chegamos dois dias antes do esperado, mesmo navegando contra a monção. Quando desembarcamos, um homem processou a companhia por fazê-lo chegar antes do tempo. Ele disse que comprou os bilhetes para cobrir certo período de tempo e, se a companhia o trouxe antes de expirar o prazo, eles é que seriam responsáveis pelas despesas, e tinham que pagar a conta do hotel.

O capitão pediu a um pastor que estava a bordo para conduzir uma missa no domingo. Ele o fez e, ao chegar em Hong Kong, passou uma fatura no valor de duas libras! Disse que estava desfrutando suas férias e que não tinha a intenção de trabalhar durante aquele tempo, a não ser que fosse pago por isso! A companhia pagou, mas advertiu os oficiais para não deixar os pastores celebrarem missas sem saber quanto cobrariam por isso.

Na noite de 22 de dezembro, sentamo-nos no convés em um canto escuro. Os homens estavam cantando e contando histórias. Apenas uma outra mulher, que conseguiu ser acordada, e eu compusemos a plateia interessada e agradecida. Todos nós sentíamos uma ânsia para que chegasse logo o dia seguinte, mesmo que essa ânsia estivesse misturada com tristeza. Sabíamos que, logo pela manhã, chegaríamos a Hong Kong, e embora isso nos trouxesse novas cenas e novos conhecidos, teríamos que nos despedir de velhos amigos.

CAPÍTULO XII
China britânica

Avistamos a cidade de Hong Kong no início da manhã. As casas, de um branco reluzente, estavam encasteladas nas vertentes da alta montanha. Disparamos um canhão assim que entramos na baía, o capitão disse-nos que era um costume dos navios postais. Que linda era essa baía, cercada de altas montanhas por todos os lados. Uma vez adentrado esse porto naturalmente fortificado, pudemos discernir, em diferentes direções, pequenas passagens entre as montanhas, mas tão pequenas que mal se podia acreditar que havia espaço suficiente para um navio passar por elas. De fato, dizem que essas passagens são tão perigosamente estreitas que são necessários os mais diligentes cuidados até que o navio esteja em segurança para além do oceano azul. Ao sol brilhante, a baía era como um espelho, pontilhada por embarcações estrangeiras de muitos países. Pesados navios de guerra, torpedeiros, barcos a vapor, lorchas portuguesas, juncos chineses e sampanas. Enquanto olhávamos, um navio chinês singrava o mar lentamente. A popa esquisita e larga, içada bem acima d'água, e o enorme olho que enfeitava a proa eram para nós muito interessantes. *Que coisa graciosa*, pensei, mas ouvi um oficial chamá-lo de sem graça e disforme.

Hong Kong é estranhamente pitoresca. É uma cidade em patamares, os terraços sendo formados por edifícios encastelados, arqueados, encarapitados em camadas após camadas acima na encosta verdejante da montanha. A regularidade com que as casas são construídas em fileiras me fez imaginar uma escadaria gigantesca, cada lance feito de castelos.

O doutor, outro cavalheiro e eu deixamos o barco, e caminhado para o final do píer escolhemos liteiras que nos levaram até a cidade. Os condutores eram tão apressados quanto os nossos carregadores nas estações ferroviárias nos Estados Unidos. É preciso saber a manha para subir em uma liteira corretamente. Ela é apoiada no chão, o transportador inclina os eixos para baixo e o passageiro entra, de costas para o assento. Uma vez sentados, os transportadores erguem a cadeira aos ombros e começam com um trote monótono, o que dá à cadeira um movimento não muito diferente do de um cavalo selado.

Nós seguimos a estrada ao longo da costa, passando por armazéns de todos os tipos e altos edifícios de varanda cheios de centenas de famílias chinesas. As varandas dariam uma aparência agradável às casas se os habitantes não parecessem estar participando de um festival de lavagem, usando as varandas como estendais. As roupas eram esticadas em varas, do jeito que costumamos estender os casacos para que não enruguem, e essas varas eram atadas às varandas até parecer que todas as famílias da rua colocavam suas roupas velhas em exposição.

A cidade parecia em estado de desordem, a estrada era suja, os grupos de nativos que encontramos eram imundos, assim como as casas, os inúmeros barcos atados ao longo do cais, que invariavelmente estavam lotados de pessoas sujas; nossos carregadores eram uns camaradas sujos com tranças desarrumadas chicoteando no topo de suas cabeças semirraspadas. Eles trotavam à frente, bufando para a multidão de nativos que estivessem a frente para abrir caminho. Uma série de bufadas ou grunhidos fazia os nativos dispersarem, com mais medo do que um equilibrista em uma corda-bamba ao ouvir o apito de um trem.

Saindo da estrada que margeava a costa, os carregadores tomaram uma das estradas que serpenteava montanha acima, um patamar a cada vez.

Meu único pedido e desejo era chegar o mais rápido possível ao escritório da Companhia de Vapor Oriental e Ocidental para descobrir o mais cedo possível o horário em que eu poderia partir para o Japão, a fim de continuar minha corrida contra o tempo ao redor do mundo. Eu tinha acabado de registrar meu 39o dia. Apenas 39 dias desde que parti de Nova York e lá estava eu na China. Eu estava partindo particularmente tranquila, porque o bom navio Oriental não apenas compensara os cinco dias que eu havia perdido em Colombo, como também alcançara Hong Kong dois dias antes do previsto em meu cronograma. E isso navegando contra a monção nordeste. Foi a primeira viagem do Oriental à China e de Colombo a Hong Kong ele quebrou todos os recordes.

Fui ao escritório da O. & O. me sentindo bem contente pela minha boa sorte, sem dúvidas de que continuaria assim.

— Poderia me dizer a data do primeiro navio para o Japão? — perguntei ao agente no escritório.

— Um momento — ele disse, e entrando em um escritório interno, trouxe um homem que me olhou interrogativamente, e quando eu repeti a pergunta, ele respondeu com outra pergunta:

— Qual é seu nome?

— Nellie Bly — respondi com alguma surpresa.

— Venha aqui, venha aqui — disse de um jeito nervoso. Nós o seguimos para dentro, e assim que nos sentamos ele disse:

— Você vai ser passada para trás.

— O quê? Acho que não. Eu consegui recuperar meu atraso — disse, ainda surpresa, me perguntando se o Pacífico havia afundado desde minha partida de Nova York, ou se todos os navios naquele itinerário teriam sido destruídos.

— Você vai perder — disse ele com ar de convicção.

— Perder? Eu não entendo. O que quer dizer? — exigi, começando a achar que fosse um louco.

— Não está uma corrida de volta ao mundo? — perguntou, como se eu não fosse Nellie Bly.

— Sim! Com certeza. Estou correndo contra o tempo — respondi.

— "Tempo"? Não acho que esse seja o nome dela.

— Ela? Ela? — repeti, pensando comigo mesma: pobre sujeito, é um desequilibrado, e me perguntei se deveria fazer algum sinal para o médico para saber se era melhor a gente dar o fora dali.

— Sim, a outra mulher, ela vai vencer. Partiu daqui faz três dias.

Eu o encarei e voltei-me para o doutor. Fiquei me perguntando se estava acordada; concluí que se tratava de um louco, então dei um riso forçado e só pude perguntar, tolamente:

— A outra mulher?

— Sim — ele continuou rapidamente —, não sabia? No dia que você partiu de Nova York, outra mulher começou uma corrida para deixar você para trás, e é o que ela está conseguindo.[33] Ela partiu daqui faz três dias. Vocês provavelmente passaram uma pela outra em algum ponto do Estreito de Malaca. Ela diz que tem dinheiro para fazer com que qualquer navio parta mais cedo, se preciso. O editor dela ofereceu um ou dois milhares de dólares a O. & O. se eles fizessem o Oceanic zarpar de São Francisco dois dias antes do planejado. Eles não aceitaram, mas fizeram de tudo para que ela chegasse aqui em tempo de pegar o navio postal para o Ceilão. Se não tivessem chegado bem antes do tempo previsto, ela teria perdido o navio e ficaria atrasada em dez dias. Mas ela conseguiu embarcar e partiu três dias atrás, enquanto você vai ter que se atrasar cinco dias aqui.

— Isso é bastante duro, não é? — disse baixinho, forçando um sorriso que estava nos lábios, mas que não vinha de nenhum lugar perto do coração.

— Estou atônito por você não saber nada a esse respeito — ele disse. Ela nos levou a acreditar que era uma corrida arranjada.

— Não acredito que meu editor arranjaria uma corrida sem me avisar — disse firmemente. — Você não tem telegramas ou mensagens para mim de Nova York?

---

33 *A revista* Cosmopolitan, *aproveitando-se da publicidade que o jornal de Nellie dava a sua empreitada, enviou às pressas a jornalista Elizabeth Bisland, de 28 anos, que partiu no mesmo dia que Nellie, com mais recursos financeiros. Elizabeth tomou a direção oposta à de Nellie, seguindo para o oeste, alcançando primeiro a Ásia e atravessando em seguida a Europa.*

— Nada — foi sua resposta.

— É provável que nem estejam sabendo dela — eu disse alegremente.

— Sim, eles sabem. Ela trabalhou no mesmo jornal em que você trabalha até o dia da partida.

— Eu não entendo — disse calmamente, orgulhosa demais para mostrar minha ignorância em um assunto de vital importância para meu bem-estar. — Disse que eu não posso partir daqui antes de cinco dias?

— Não, e não acho que você consiga chegar a Nova York em oitenta dias. Ela pretende fazer isso em setenta. Tem cartas para todos os comandantes dos vapores, solicitando que façam tudo o que puderem para que ela o consiga. Você tem alguma carta?

— Apenas uma, do agente da P. & O., solicitando aos comandantes dos navios para me tratarem bem porque eu estou viajando sozinha. E é tudo — informei, com um sorriso discreto.

— Bem, é uma grande pena, mas eu acho que perdeu. Você não tem chance. Perderá cinco dias aqui e cinco em Yokohama, e com certeza fará uma viagem lenta pelo Pacífico, por conta da temporada.

Bem nesse momento, um jovem, com os mais delicados olhos negros e uma pele clara e pálida, entrou no escritório. O agente, sr. Harmon, me apresentou o sr. Fuhrmann, o comissário de bordo do Oceanic, o navio no qual eu acabaria viajando para o Japão e para os Estados Unidos. O jovem pegou minha mão com um aperto firme e forte, e seus olhos negros e macios me contemplaram com tamanha compaixão que bastou apenas o tom de sua voz para me remeter a um estado mais feliz.

— Fui até o Oriental para encontrá-la; o sr. Harmon achou que era melhor. Queremos cuidar bem da senhorita agora que está a nosso cargo, mas infelizmente não a encontrei lá. Voltei ao hotel e, como lá não sabiam nada sobre você, vim até aqui, temendo que estivesse perdida.

— Tenho encontrado bons amigos em todo lugar — disse, com um ligeiro gesto em direção ao doutor, que ficou sem saber o que dizer com a má sorte que se abatera sobre mim. — Peço desculpas pelo problema que causei a vocês.

— Problema? — Você está entre amigos, agora, e ficaremos felizes se pudermos prestar serviço — disse ele, gentilmente. — Não se preocupe com a possibilidade de alguém dar a volta ao mundo em menos tempo do que pode fazer. Você conseguiu fazer as mais difíceis conexões possíveis e todos sabem que a ideia originalmente é sua e que outros estão apenas tentando roubar o que você idealizou, então tanto faz se chegar antes ou depois, as pessoas vão dar os créditos à ideia original.

— Prometi ao meu editor que daria uma volta ao mundo em 75 dias e, se o conseguir, ficarei satisfeita — expliquei rigidamente. — Não estou em uma corrida contra ninguém. Eu não entraria em tal corrida. Se uma pessoa precisa fazer a viagem em menos tempo, o problema é dela. Se decidiram correr contra mim, que cuidem de conseguir. Não estou em uma corrida. Prometi fazer a viagem em 75 dias, e vou fazê-lo; ainda que, se tivessem me permitido partir quando eu propus, um ano atrás, eu teria conseguido em 60.

Retornamos ao hotel, onde um quarto havia sido reservado para mim, depois de arranjarem a transferência de minha bagagem e do macaco do Oriental para o Oceanic.

Conheci muitas pessoas após o *tiffin* que estavam interessadas em minha viagem, e estavam prontas e dispostas a fazer o possível para contribuir com meu bem-estar durante minha estada forçada.

Uma vez que tinha apenas um vestido, recusei-me a comparecer a quaisquer jantares ou recepções que foram propostas em minha homenagem. Durante a tarde, a esposa de um proeminente cavalheiro de Hong Kong veio a mim colocar ela mesma e sua casa à disposição. Ela estava ansiosa para que eu fizesse da casa dela meu lar durante aquele tempo, mas eu a avisei de que não poderia aceitar sua gentileza porque eu desejaria ficar fora a maior parte do tempo; não poderia fazer meu horário conforme os horários da casa e me sentir livre para ir, voltar ou ficar, como desejasse. A despeito de suas súplicas, assegurei-lhe de que não estava a passeio, mas a negócios, e considerava meu dever abster-me de prazeres sociais, dedicando-me a coisas que são mais pertinentes ao meu trabalho.

Jantei no Oriental. Ao me despedir do capitão e de seus oficiais, recordando da gentileza comigo, senti um desejo selvagem de me agarrar a eles, sabendo que com a luz da manhã o navio zarparia, e eu me veria novamente sozinha em terras estranhas com pessoas estranhas.

Ao fim daquele dia, o comissário de bordo do Oceanic, outro conhecido e eu fomos carregados em liteiras ao longo de uma estrada sinuosa, sob uma arcada de árvores verdejantes, cujas folhas pendiam imóveis na noite silenciosa.

Nossas vozes mansas, quando ocasionalmente conversávamos suavemente entre nós, e o firme e monótono tap-tap-tap dos pés descalços dos nossos carregadores eram as únicas interrupções na sonolenta quietude.

Toda terra parecia ter ido descansar. Em silêncio, avançávamos, agora vislumbrando, com a tênue luz de lâmpadas de gás nos portões do jardim, casas confortáveis em todo o seu esplendor oriental, e então, por vezes emergindo de além do arco de árvores verdejantes, captávamos o brilho enfraquecido das estrelas trêmulas e dos céus sem nuvens. Enfim a subida terminou. Estávamos sobre a cidade, repousados no escuro e no silêncio, mas não mais próximos do glorioso céu estrelado. Uma breve disparada por um portão largo em um muro alto, um clarão repentino em uma estrada bordejada e coberta pela folhagem, uma rápida descida ao solo, aos amplos degraus que levavam a uma porta aberta através da qual uma luz acolhedora derramava seus suaves raios quentes sobre nós, chegávamos ao fim de nossa jornada.

Lá dentro, onde uma recepção cordial nos aguardava, havia uma brilhante lareira, diante da qual eu desejava me enroscar em um cobertor e ser deixada sozinha para sonhar. Mas havia amigos, em vez de sonhos, e realidades na forma de um esplêndido jantar. Uma mesa, embelezada com uma profusão de flores tropicais; um homem, mais bonito que um herói idealizado; na cabeceira, um fino menu, convidados bonitos, espirituosos e em número suficiente para se adequar às minhas ideias, foram os itens que compuseram uma noite ideal.

Dizem que as pessoas não envelhecem em Hong Kong. Sua aparência jovem me pareceu um forte testemunho dessa afirmação. Perguntei a razão disso, e eles me disseram que é porque eles são compelidos a inventar diversões para si próprios, e ao fazê-lo, não têm tempo de tornarem-se blasé, e encontram juventude e felicidade.

O teatro em Hong Kong recebe poucas trupes profissionais, mas os atores amadores na colônia inglesa deixam pouco a desejar em termos de esplêndidos entretenimentos. As melhores pessoas na cidade fazem parte da equipe, e acredito que eles mesmo fornecem seus figurinos. Os regimentos que têm bases por lá fornecem atores bem convincentes nas pessoas dos jovens oficiais. Fui uma noite assistir a Ali Babá e os quarenta ladrões, estrelado pelo Clube Amador Dramático de Hong Kong. Era uma nova versão da velha história preenchida com sucessos locais arranjados por um capitão; a música ficou a cargo dos Highlanders de Argyll e Sutherland. O belo e artístico cenário foi desenhado e executado por dois militares, assim como os efeitos de luz. Os espectadores vinham ao teatro em suas liteiras, em vez de carruagens.

Lá dentro, a cena era fascinante. Um farfalhar de vestidos macios, o odor de flores, o esvoaçar de leques, os sons de sussurros suaves e felizes, um labirinto de mulheres adoráveis em vestidos de noite misturando-se com belos homens nos uniformes de gala — o que poderia ser mais bonito? Se as mulheres americanas pudessem apenas imitar as inglesas e irem sem chapéu aos teatros, poderíamos perdoar suas pequenas imitações em outros aspectos, e dizer que estão quites. Com a chegada do governador a banda tocou "Deus salve a rainha", e a plateia ficou de pé. Felizmente, tocaram uma versão mais curta. A peça foi agradavelmente apresentada, os atores atuando em seus papéis o melhor possível, especialmente o que fazia o papel de Alley Sloper.[34]

---

34 *Personagem de quadrinhos, um típico malandro londrino.*

Depois, a visão de mulheres bem vestidas subindo em suas liteiras, as lanternas chinesas de cores delicadas penduradas na frente e atrás, marcando o caminho que os carregadores faziam na escuridão, foi muito oriental e emocionante. É um luxo ter uma carruagem, claro, mas há algo ainda mais luxuoso na ideia de uma liteira e carregadores. Uma fina liteira com varas de prata e cortinas de seda pode ser comprada, devo julgar, por pouco mais de vinte dólares. Algumas mulheres mantêm quatro e oito carregadores; eles são tão baratos que se pode manter alguns. Cada membro de uma família bem estabelecida em Hong Kong tem sua liteira particular. Muitos homens preferem a de salgueiro, sem cobertura e com degrau giratório; enquanto muitas mulheres têm liteiras que fecham totalmente, para que possam ser carregadas pelas ruas protegidas contra o olhar do público. Bolsos convenientes, suportes para guarda-sol e lugares para pacotes são encontrados em todas as liteiras bem equipadas.

A cada porto que passei encontrei tantos solteiros, homens de alta posição, com dinheiro e boa aparência, que naturalmente comecei a me perguntar por que as mulheres não se bandeiam para lá. Há alguns anos se dizia: "Vá para o oeste, jovem", mas eu diria: "meninas, vão para o leste!"; lá há solteiros para dar e vender! E esses solteiros estão muito bem no oriente. São bonitos, alegres e de boa índole. Têm suas belas casas, sem ninguém além dos empregados para cuidar deles. Pensem nisso e deixem-me cochichar, "meninas, vão para o leste!".

No segundo dia após minha chegada, o capitão Smith, do Oceanic, mandou me chamar. Esperava encontrar um velho de rosto severo, mas quando entrei na sala de estar e um jovem, um homem de boa aparência, com os olhos azuis mais suaves que pareciam tingidos pelo oceano num dia iluminado, sorriu para mim, imagino que devo ter parecido um tanto boba. Olhei para aquele rosto macio e jovial, com seu bigode castanho-claro, e me senti inclinada a rir da grande barba grisalha com que minha imaginação tinha adornado o capitão do Oceanic. Flagrei o brilho risonho do mais azul dos olhos azuis, e pensei nos olhos sisudos que havia imaginado, e tive que sufocar outro desejo insano de rir. Olhei para o corpo alto, esguio e bem torneado e lembrei-me das pernas curtas imaginárias, suportando uma ampla circunferência sob um casacão, e ri alto.

— Você é tão diferente do que eu imaginei — eu disse depois, quando conversamos posteriormente sobre esse nosso primeiro encontro.

— E eu não conseguia acreditar que você era a garota certa, pois era tão diferente do que eu fui levado a acreditar — disse ele, com uma risada, em um acesso de sinceridade. — Disseram-me que você era uma solteirona com um temperamento terrível. Coisas tão horríveis foram ditas sobre você que eu esperava que perdesse o embarque do nosso navio. Cheguei a dizer que se você embarcasse e quisesse se sentar a minha mesa, eu providenciaria para que você fosse colocada em outro lugar.

O capitão me levou para ver o Happy Valley[35] naquele dia antes de nos separarmos. Em um riquixá, passeamos pelos campos de desfile e críquete, onde alguns jogos ani-

---

35 *Originalmente um alojamento militar britânico. Depois de um forte surto de malária, serviu de cemitério emergencial (quando recebeu o eufemístico nome de "Vale Feliz"), sobre o qual, pouco antes da chegada de Nellie, foram construídos um hipódromo e quadras de esporte.*

mados são disputados pela prefeitura e pelos alojamentos, sólidos e austeros; ao longo de estradas suaves e arborizadas, até onde as montanhas formam um ninho em um campo plano e verde. Esse lugar havia sido transformado em uma pista de corrida. A arquibancada dos juízes era comum e simples, mas as arquibancadas particulares erguidas por e para famílias eram feitas de palmeiras, e eram mais agradáveis porque eram menos triviais.

Todos os anos, durante o mês de fevereiro, as corridas são realizadas aqui. Elas duram três dias, e nesse período todo mundo para de trabalhar, ricos e pobres se aglomerando na pista de corrida. Eles correm com pôneis de raça nativa da Mongólia (não há cavalos), e a corrida é considerada muitíssimo emocionante.

O Happy Valley se estende ao pé das colinas. Lá estão reunidos os túmulos de pessoas de diferentes seitas e nacionalidades em Hong Kong. Os adoradores do fogo[36] repousam no terreno junto aos presbiterianos, aos episcopais, aos metodistas e aos católicos, e os maometanos também estão próximos. Que pessoas de diferentes credos consintam em colocar seus mortos juntos nesse adorável vale tropical já seria o suficiente para dar-lhe o nome de Vale Feliz, se sua beleza não fosse o bastante. Em minha opinião, ele rivaliza em beleza com os jardins públicos, e os visitantes o usam como um parque. Pode-se perambular pelas alamedas olhando os lindos arbustos e flores, sem nunca reparar que eles estão no vale da morte, tão desprovido de tudo o que torna os outros cemitérios horríveis. Passamos, de volta à cidade, pelos distritos lotados, onde

---

36 *Zoroastrianos, provavelmente parses.*

os nativos se amontoam em toda a sua sujeira. Diz-se que mais de 100 mil pessoas vivem em determinado distrito em Hong Kong, que não ultrapassa 2,5 quilômetros quadrados e, além disso, afirmam categoricamente que 1.600 vivem no espaço de 4 mil metros quadrados.[37] Esse é um exemplo da maneira como os chineses se amontoam. Eles me lembram uma multidão de formigas em um torrão de açúcar. Hong Kong tenta obrigar os proprietários a construírem de forma diferente, de forma a impossibilitar a mistura e o amontoamento, pois a sujeira que acompanha invariavelmente gera doenças.

O Passeio da Rainha tem atrações para todos os visitantes. Nele fica o clube Hong Kong, onde se encontram os solteiros, a agência dos correios e, melhor que tudo, as lojas chinesas. As lojas não são grandes, mas as paredes são cobertas com armários de madeira preta, e a pessoa sente um pequeno arrepio de prazer ao ver ouro, prata, entalhes de marfim, leques requintados, pergaminhos pintados e o odor das lindas caixas de sândalo vindo suavemente para o visitante cria um sentimento de ganância. As pessoas ficam com vontade de comprar tudo.

Os mercadores chineses mostram cordialmente suas mercadorias, ou vão atrás de quem está fazendo um passeio, sem incitar ninguém a comprar, mas trazendo astuciosamente para diante de nós a parte mais bonita e cara de seu estoque.

---

37 *A Cidade Murada de Kowloon, com três quilômetros quadrados, chegou a ter 33 mil residentes antes de ser demolida, em 1994.*

"Chin chin,", que significa "bom dia", "adeus", "boa noite", "como você vai?", ou qualquer coisa parecida,[38] é o cumprimento dos chineses. Todos falam um inglês vira-latas, chamado "pidgin". É impossível fazê-los entender o inglês puro, e por isso os europeus, mesmo as governantas, usam o inglês pidgin ao se dirigirem aos criados. Os criados são homens, com exceção das enfermeiras e possivelmente das cozinheiras. Para os não iniciados, parece absurdo ouvir homens e mulheres se dirigindo a empregados e mercadores na mesma linguagem tola com que pais afetuosos costumam tratar seus filhos pequenos, mas ainda mais ridículo é ouvir homens xingarem, em "inglês macarrônico", um empregado rude ou indisciplinado. Imagine um homem com uma expressão de raiva em seu semblante, dizendo: "Ir inferno, sabe?".[39]

O termo "pidgin" é aplicado a tudo. Ouvem-se as pessoas dizendo: "Hab got pidgin" (ter pidgin), o que quer dizer que elas têm negócios para cuidar; ou, se um chinês for solicitado a fazer algum trabalho que ele pensa ser dever de outro, ele dirá: "No belongee boy pidgin" (não pertencer menino trabalho).

Enquanto perambulava pelas localidades chinesas, vendo lojas que mereciam mais uma visita, as mais autenticamente chinesas, deparei com um restaurante, de onde um conglomerado de odores estranhos saía e descia pela estrada. Em torno de uma mesa no meio da sala, havia

---

38 Provavelmente Nellie ouviu 請請, *qing qing*, que está mais para *"por favor"* ou *"com licença"*.
39 No original: *"Go hellee, savey?"*. O *"savey"* é um resquício da língua portuguesa, dos vizinhos de Macau, e corresponde a *"sabes"*?

um banco circular. Os comensais empoleiravam-se nesse banco como galinhas em uma cerca, não deixando que seus pés tocassem o chão, ou se debruçavam, nem agachados, nem sentados de pernas cruzadas como um turco ou um alfaiate, mas sentados com os joelhos dobrados até que joelhos e queixo se encontrassem. Eles seguravam grandes tigelas contra o queixo, empurrando o arroz energicamente com seus pauzinhos para dentro da boca. Taças e mais taças de chá são consumidas, não apenas às refeições, mas a qualquer hora do dia. A taça é bem pequena e sem pires, e o chá é sempre bebido sem açúcar ou creme.

Escribas profissionais, encontrados em recantos e recessos de vias públicas importantes, são personagens interessantes. Além de escrever cartas para os pagantes, eles tiram a sorte, e seus clientes nunca vão embora sem uma previsão de como será o destino. Percebi que, quando eu pagava por um artigo, os comerciantes invariavelmente pesavam o dinheiro. Também é comum que os comerciantes estampem seu selo particular em dólares de prata como garantia de sua legalidade e valor. Tanto se martela na prata por conta dessa prática estranha que eu tive receio de aceitá-la como troco.

Presenciei uma procissão de casamento em Hong Kong. Uma grande banda de músicos era seguida por *coolies*[40] carregando objetos de aspecto curioso em azul e dourado, que, segundo me disseram, representam cenas míticas e históricas. Uma série de suntuosas lanternas chinesas e

---

40 *O termo designava originalmente trabalhador braçal chinês ou indiano, mão de obra abundante e barata. Posteriormente a palavra ganhou um tom pejorativo, para oprimir asiáticos pobres.*

lindas faixas também eram carregadas. Disseram-me que em tais procissões eles levam porco assado para os templos dos *josses*, mas que depois isso é muito sensatamente levado embora pelos participantes.

Não vale a pena para um homem ir a Hong Kong em busca de emprego. As casas bancárias e marítimas, controladas pelos europeus, certamente empregam muitos homens, mas esses são trazidos da Inglaterra mediante contratos de três a cinco anos. Quando ocorre uma vaga por morte, ou transferência, as casas de negócios imediatamente consultam seus representantes em Londres, onde outro homem assina um contrato, e vem para Hong Kong trabalhar.

Um dia, fui ao Pico Victoria, nomeado assim em honra da rainha. Disseram que tem 560 metros de altura, o ponto mais alto da ilha. Um funicular foi construído da cidade até a Passagem Victoria, a 350 metros acima do nível mar. Foi inaugurado em 1887. Antes disso, as pessoas eram carregadas em liteiras até lá.

No primeiro ano após sua conclusão, 148.344 passageiros foram transportados montanha acima. A tarifa é de trinta centavos para subir e quinze para descer. Durante os meses de verão, Hong Kong é tão quente que todos os que podem, procuram o topo da montanha, onde uma brisa bate o ano todo. Os patamares para as novas construções são obtidos escavando-se a montanha, e cada tijolo, pedra e pedaço de mobília doméstica são carregados por trabalhadores da cidade até a altura de quinhentos metros.

Na Passagem, conseguimos liteiras, e fomos carregados ao Hotel Craigiburn, que é gerenciado por um homem de cor. O hotel — no estilo oriental — é bastante frequentado pelos cidadãos de Hong Kong, assim como os visitantes. Depois que o proprietário nos mostrou todo o hotel e nos foi oferecido um jantar de qualidade insuperável, fomos levados até o Pico Victoria. Isso requereu três homens carregando a liteira até o pico. Na Cadeira do Guarda-chuva, que é simplesmente um banco com um telhado pontudo, todo mundo para o tempo suficiente para que os trabalhadores descansem, então continuamos nosso caminho, passando por turistas e babás com crianças. Depois de um tempo, eles pararam de novo e seguimos a pé até a estação.

A vista é soberba. A baía, aninhada entre as montanhas, repousa calma e serena, pontilhada de centenas de navios que parecem minúsculos brinquedos. As suntuosas casas brancas sobem até o meio da montanha, começando na borda da baía espelhada. Notamos que toda casa tinha uma quadra de tênis escavada na encosta da montanha. Dizem que quando a noite cai, a vista do pico é insuperável. Parece que estamos suspensos entre dois céus. Cada um dos milhares de barcos e sampanas carrega uma luz após o anoitecer. Somado às luzes nas estradas e nas casas, faz parecer que abaixo o céu é mais estrelado do que acima.

Certa manhã, um senhor, que era o orgulhoso proprietário de um plantel de pôneis, o melhor de Hong Kong, apareceu no hotel para me levar para um passeio. Em uma carruagem baixa e agradável, atrás dos pôneis animados que parecem brinquedos em sua pequenez, mas gigantes em sua força, demos uma volta pela cidade e logo estávamos na estrada beirando a baía. Tivemos uma boa visão da bela doca seca do outro lado, que é inteiramente construída em granito e é considerada tão grande que pode acomodar as maiores embarcações. Achei que havia outras coisas mais interessantes, então me recusei a ir até lá.

Durante nossa viagem, visitamos dois templos pitorescos e sujos. Um era pequeno e simples, com um altar vistoso. Os degraus de pedra que levavam a ele estavam cheios de mendigos de todos os tamanhos, formas, doenças e condições de sujeira. Eram de tal modo repulsivos que, em vez de despertar a compaixão, só conseguiam deixar as pessoas indispostas.

Em outro templo, perto de um riacho onde as lavadeiras ficavam batendo as roupas em pedras chatas, havia um templo curioso escavado, como uma caverna, na lateral de uma rocha enorme. Uma placa de rocha formava o altar, e naquele templo humilde, mas pitoresco, as mulheres chinesas iam orar para que gerassem filhos homens, para que tivessem alguém para apoiá-las na velhice.[41]

Depois de ver tudo de interessante em Hong Kong, decidi ir para uma autêntica cidade chinesa. Já que estão tentando manter os chineses fora dos Estados Unidos, decidi ver tudo o que pudesse na terra deles.[42] Fazer-lhes uma visita de despedida, por assim dizer! Então, na véspera de Natal, parti para a cidade de Cantão.

---

41 *Pelo costume, as famílias preferem filhos porque as filhas são, pela tradição, responsáveis em ajudar os sogros, não os próprios pais.*

42 *Leis estadunidenses de 1875 e 1882 proibiam a entrada de imigrantes chineses e previam a remoção dos residentes. No começo do século 19, muitos chineses foram trazidos para os Estados Unidos como mão de obra barata (os "coolies") para grandes obras. Os que permaneceram sofreram com preconceito endossado pelo Estado.*

CAPÍTULO XIII
Natal em Cantão

O agente da O. & O. me escoltou até o navio *Powan*, no qual eu viajaria até Cantão. Permaneci sob os cuidados do capitão Grogan, o comandante, um americano que vivia há anos na China. Um homem tímido, mas muito gentil e agradável. Nunca vi um homem mais gordo, ou um homem tão comicamente roliço. Uma vontade louca de rir se apoderava de mim toda vez que vislumbrava seu corpo rechonchudo, seu rosto redondo vermelho incrustado, por assim dizer, na gordura de seus ombros e seios. Eu tinha que me lembrar como eu mesma era sensível diante de comentários sobre minha aparência pessoal para, em certa medida, subjugar meu impulso de rir. Sempre disse aos críticos que escrevem impiedosamente sobre o formato do meu queixo, ou o corte do meu nariz, ou o tamanho da minha boca, e tais atributos pessoais dos quais não se pode, como a morte, alterar: "Critiquem o estilo do meu chapéu ou do meu vestido, esses eu posso trocar, mas poupe o nariz, ele nasceu comigo".

Ao recordar-me disso, e de como é absurdo culpar ou criticar as pessoas por aquilo que elas são incapazes de mudar, guardei a graça que eu achava naquilo e a substituí por um sentimento gentil de compaixão.

Logo depois de partirmos, caiu a noite. Fui ao convés onde todo mundo estava oculto na escuridão. Suavemente o barco foi navegando, e o único som — o mais restaurador e repousante — era o marulhar da água.

Sentar-se em um convés calmo, ter um céu estrelado como a única luz acima ou ao redor, ouvir a água beijando a proa do navio é, para mim, o paraíso. Podem vir falar da companhia dos homens, do esplendor do sol, da suavidade do luar, da beleza da música, mas me dê uma cadeira de vime em um convés silencioso; o mundo, com suas preocupações, seus ruídos e seus preconceitos perdidos na distância; eu tenho o brilho do sol, a luz fria da lua obscurecida pela escuridão densa da noite. Deixe-me descansar embalada suavemente pelo mar ondulante, em um ninho de escuridão aveludada, tendo por única luz o cintilar suave das miríades de estrelas no céu silencioso acima; minha música, a rodada das águas que se beijam, esfriando o cérebro e aliviando o pulso; minha companhia, meus sonhos. Dê-me isso e eu terei felicidade em sua perfeição.

Mas deixemos os sonhos de lado, esse é um mundo sempre a trabalho e estou em uma corrida contra o tempo. Depois do jantar, quando o barco ancorou, esperando pela maré que nos carregaria em segurança pela barra, desci para ver os passageiros chineses. Estavam apostando, fumando ópio, dormindo, cozinhando, comendo, lendo e conversando, todos amontoados juntos em um convés, que era um espaço largo, não dividido em cabines. Eles carregam as próprias camas, uma esteira e a própria comida, pouco mais que arroz e chá.

Antes do amanhecer, ancoramos em Cantão. Os chineses desembarcaram no momento em que chegamos à costa, mas os outros passageiros permaneceram para o desjejum. Enquanto comíamos, o guia que o capitão havia contratado para nós subiu a bordo e supervisionou discretamente o almoço que deveríamos levar conosco. Um camarada muito inteligente era aquele guia, Ah Cum. A primeira coisa que ele nos disse foi "Feliz Natal!", e já que havíamos até nos esquecido disso, sei que todos nós apreciamos a polidez e a consideração do nosso guia chinês. Ah Cum me contou mais tarde que havia sido educado em uma missão americana localizada em Cantão, mas afirmou, com grande honestidade, que inglês foi tudo o que aprendeu. Ele não queria saber da religião cristã. O filho de Ah Cum também foi educado na missão americana, e, como seu pai, fez valer tudo o que aprendeu. Além de ser pago como guia, Ah Cum cobra uma porcentagem dos comerciantes por todas as mercadorias compradas pelos turistas. É claro que os turistas pagam preços mais altos do que pagariam de outra forma, e Ah Cum se certifica que não visitam nenhuma loja onde não receba sua pequena comissão.

Ah Cum é mais bonito nas feições do que a maioria dos mongóis: seu nariz é mais bem formado e seus olhos menos fendidos do que os da maioria de sua raça. Ele calçava sapatos pretos com miçangas e sola branca. Sua calça azul marinho, ou meia-calça, melhor dizendo, era amarrada no tornozelo e apertada bem justa na maior parte da perna. Por cima dela, usava uma vestimenta azul em forma de camisa rigidamente engomada, que chegava aos calcanhares, enquanto sobre ela vestia uma jaqueta de seda curta, acolchoada, um tanto semelhante a um blazer. Sua grande trança preta como carvão, que terminava com um laçarote de seda preta, tocava seus calcanhares e, no local onde a trança começava, repousava um turbante preto redondo.

Ah Cum tinha liteiras prontas para nós. Sua liteira era agradavelmente harmoniosa, em preto, cortinas de seda preta, laçarotes, franjas e mastros de madeira pretos com acabamento em pegadores de latão. Uma vez dentro, ele descia as cortinas, e ficava-se escondido do olhar do público. Nossas cadeiras simples de vime tinham coberturas comuns, o que, a meu ver, atrapalhava bastante a visão do turista. Tínhamos três carregadores para cada liteira. Os que estavam conosco estavam descalços, com os rabos-de-cavalo desgrenhados, vestindo camisas e calças azul-marinho, muito ruins tanto em termos de limpeza quanto de qualidade. Os carregadores de Ah Cum usavam roupas de linho branco, alegremente enfeitadas com faixas largas de pano vermelho, parecendo muito com uma roupa de palhaço de circo.

Ah Cum conduzia o caminho, nossos coolies o seguiam. Por algum tempo, só reparava na massa confusa de rostos escuros e longas tranças, mas logo depois fiquei acostumada com isso, e era capaz de distinguir diferentes objetos ao longo da rua lotada; pude notar a diferença entre as diversas posições e os olhares curiosos das pessoas. Fomos conduzidos ao longo de caminhos escuros, estreitos e sujos, dentro e ao redor de tendas de peixe, de onde os odores flutuavam, enchendo-me de asco, até cruzarmos uma ponte que atravessava um riacho escuro e lento.

Essa pequena ilha, protegida por guardas em todas as entradas, é Shamian, ou Face de Areia, a terra reservada para a habitação dos europeus. Uma lei imutável proíbe os celestiais[43] de cruzarem esse recinto sagrado por conta do ódio que nutrem pelos europeus. Shamian é verde e pitoresca, com belas casas de desenho oriental, grandes árvores frondosas e amplas alamedas verdes aveludadas, interrompidas apenas por uma única trilha, feita pelos pés descalços dos carregadores de liteiras.

Aqui, pela primeira vez desde que parti de Nova York, vi a bandeira das estrelas e listras. Estava balouçando sobre o portão do Consulado Americano. É um fato estranho que quanto mais a gente se afasta de casa, mais leal se torna. Senti que estava muito distante da minha querida terra. Era dia de Natal, e tinha visto muitas bandeiras diferentes desde a última vez que vira a minha. No momento em que a notei flutuando na brisa suave e preguiçosa, tirei meu chapéu e disse:

— Aquela é a bandeira mais bonita do mundo, e estou pronta para bater em qualquer um que diga que não é.

Ninguém disse uma palavra. Todos ficaram com medo! Vi um inglês no grupo olhar furtivamente para a *Union Jack*, a bandeira britânica, que pairava sobre o consulado inglês, mas de maneira hesitante, como se temesse que eu o visse.

O cônsul Seymour recebeu nosso pequeno grupo com alegres boas-vindas. Estava animado para que desfrutássemos sua hospitalidade, mas garantimos a ele que nosso tempo limitado nos permitiria apenas um momento para prestar nossos respeitos, e então precisaríamos partir novamente.

---

43 *"Celestial" era sinônimo de "chinês", já que a China também era conhecida como* 天朝, *o "Império do Céu".*

O sr. Seymour foi editor antes de ir para China com sua esposa e sua única filha, no cargo de cônsul. Desde então, adquiriu o hobby de colecionar bordados e peças de marfim esculpidas, o que o fez conhecer muito bem Cantão. Quando os turistas vão para lá, ele sempre conhece um lugar onde poderão encontrar pechinchas. Sr. Seymour é um homem muito simpático e agradável. Espero que ele resida por muito tempo em Shamian, o que só valoriza o consulado americano.

Como Shamian é diferente de Cantão! Dizem que ali há milhões de pessoas. As ruas, muitas das quais são pavimentadas rusticamente com pedras, parecem ter um metro de largura. As lojas, com seus letreiros coloridos e lindamente esculpidos, são todas vazadas, como se toda a fachada voltada para a rua tivesse sido destruída. No fundo de cada loja há um altar, de cor alegre e ricamente adornado. Enquanto éramos carregados ao longo das estradas, podíamos ver não apenas as mercadorias em geral ricas e atraentes, mas também vendedores e compradores. Cada loja tem uma mesa de escriturário perto da entrada. Todos os escriturários usam óculos com aros de tartaruga de tamanho enorme, o que lhes confere uma aparência de tremenda sabedoria. Estava inclinada a pensar que os óculos eram o uniforme do ofício, pois nunca vi um contador sem eles.

Fui avisada para não ficar surpresa se os chineses me jogassem pedras enquanto eu estivesse em Cantão. Disseram-me que as mulheres chinesas costumam cuspir na cara das turistas quando surge a oportunidade. No entanto não tive problemas. Os chineses não são pessoas de aparência agradável; geralmente se parecem como se a vida não lhes tivesse dado nada além de problemas, mas conforme éramos carregados, os homens nas lojas corriam para olhar para mim. Eles não se interessaram pelos homens que estavam comigo, mas me olharam como se eu fosse algo novo. Eles não mostraram nenhum sinal de hostilidade, mas as poucas mulheres que conheci me olhavam com a mesma curiosidade, só que menos amáveis.

O que mais parecia interessar às pessoas em mim eram minhas luvas. Às vezes eram ousadas o suficiente para tocá-las e sempre as contemplavam com olhares maravilhados.

As ruas são tão estreitas que pensei primeiro que estava sendo carregada pelos corredores de algum grande mercado. É impossível ver o céu, devido aos letreiros e a outras decorações e à compactação dos edifícios. Como as lojas têm paredes vazadas, como as barracas em um mercado, e nem mesmo há um balcão que as separe da multidão, o engano é muito natural. Quando Ah Cum disse que eu não estava em um mercado, mas nas ruas da cidade de Cantão, meu espanto foi enorme. Às vezes nosso pequeno comboio encontrava outro comboio de liteiras, e então parávamos por um momento e ouvíamos muitos gritos e confusão até que passássemos em segurança, pois o caminho era estreito demais para os dois se moverem ao mesmo tempo.

O coolie número dois da minha liteira foi uma fonte de grande desconforto para mim o dia todo. Ele trazia uma alça passando pelos mastros com a qual sustentava sua parte na liteira. Essa faixa, ou tira, cruzava seus ombros, tocando o pescoço exatamente onde está o osso proeminente. A pele estava gasta, branca e enrijecida pela fricção da faixa; o que me causava preocupação, e eu fiquei aflita, imaginando que iria se ferir. Sua longa trança estava enrolada em volta da cabeça, então eu tinha uma visão desobstruída do local. Ele não era um corredor suave — há tanta diferença no passo dos coolies como há no trote dos cavalos. Muitas vezes ele trocava a correia, para meu desespero, e então se virava e, por meio de movimentos, me indicava que eu estava sentada mais de um lado do que do outro.

Como resultado, fiz um esforço tal para sentar reta e não me mover que quando apeávamos nas lojas eu ficava com câimbras que quase me paralisavam. Antes que o dia terminasse, tive uma forte dor de cabeça de tanto me preocupar com o conforto dos chineses.

Uma coisa desagradável sobre os coolies é que grunhem como porcos ao carregar. Não posso dizer se o grunhido tem algum significado especial para eles ou não, mas eles grunhem um após o outro ao longo do comboio, e não é nada agradável.

Estava muito interessada em ver o local onde são feitas as execuções, então fomos carregados para lá. Passamos por um portão onde uma barraca erguida para apostas estava cercada por uma multidão de pessoas sujas. Alguns poucos desocupados deixaram a barraca para andarem preguiçosamente atrás de nós. O lugar é muito diferente do que se poderia supor. À primeira vista, parecia um beco tortuoso em uma cidade do interior. Havia várias fileiras de potes de cerâmica postos a secar. Uma mulher, que estava moldando em um barracão ao lado, parou seu trabalho para fofocar sobre nós com outra que estava organizando as cerâmicas em fileiras. O lugar tem provavelmente uns vinte metros de comprimento por menos de dez de largura na frente e estreitando-se na outra extremidade. Notei que o chão em um lugar estava muito vermelho, e quando perguntei a Ah Cum ele disse, indiferente, enquanto chutava a terra vermelha com seu sapato de sola branca:

— É sangue. Onze homens foram decapitados aqui ontem.

Ele acrescentou que era uma coisa normal a execução de dez a vinte criminosos ao mesmo tempo. O número médio por ano é algo em torno de quatrocentos. O guia também nos disse que em um ano, 1855, mais de 50 mil rebeldes foram decapitados nesse beco estreito.[44]

Enquanto ele falava, notei algumas cruzes de madeira rudemente moldadas encostadas no alto muro de pedra e, supondo que fossem usadas de alguma maneira para fins religiosos antes e durante as execuções, perguntei a Ah Cum sobre elas. Um arrepio percorreu minha espinha quando ele respondeu:

— Quando as mulheres são condenadas à morte na China, elas são amarradas a cruzes de madeira e cortadas em pedaços. Os homens são decapitados com um só golpe, a menos que sejam o pior tipo de criminoso — acrescentou o guia —, nesse caso, recebem uma morte de mulher para torná-lo ainda mais desonrado. Eles os amarram nas cruzes e os estrangulam ou cortam em pedaços. Quando são cortados em pedaços, isso é feito com tanta habilidade que eles são totalmente desmembrados e estripados antes de morrerem. Gostaria de ver algumas cabeças?[45]

---

44 *Provável referência à Rebelião dos Turbantes Vermelhos, aliados aos rebeldes da Rebelião Taiping. A repressão levou à execução de mais de um milhão de pessoas, somente na província de Cantão.*

45 *A execução por* 凌迟 *("lingshi", literalmente "lento suplício", também conhecido por "morte dos mil cortes") era um método ex-*

Achei que aquele guia chinês estava para contar fantasias como fazem os outros guias. E quem melhor que um guia para contar uma história exagerada e cheia de floreios? Assim, respondi friamente:

— Certamente! Mande vir as cabeças!

Dei uma gorjeta a um homem, como o guia me instruiu a fazer, e ele, com as mãos sujas do barro, foi a alguns barris que ficavam perto das cruzes de madeira, enfiou a mão e puxou para fora uma cabeça!

Os barris estão cheios de cal, e no momento em que os criminosos são decapitados, suas cabeças são jogadas ali. Quando os barris ficam cheios, eles os esvaziam e trazem mais cal. Se um homem rico é condenado à morte na China, ele pode, com pouco esforço, comprar um substituto. Os chineses são muito indiferentes à morte; parece não lhes causar terror.

Fui à prisão e fiquei surpresa ao ver todas as portas abertas, que eram bastante estreitas. Ao entrar, avistei os prisioneiros com tábuas grossas e pesadas presas ao pescoço. Não me surpreendi mais com as portas abertas. Não havia necessidade de trancá-los.

No tribunal, um edifício grande, quadrado e pavimentado com pedra, havia uma pequena sala de um lado, onde fui apresentada a alguns juízes que descansavam... fumando ópio! Ainda em outra sala, encontrei outras pessoas jogando fan-tan! Na entrada encontrei um casino!

---

tremo reservado a crimes hediondos, como patricídio, matricídio, genocídio e a morte de um patrão ou superior. Era compreendida como uma tortura em vida e após a vida, posto que, pela religião popular chinesa, a alma estaria incompleta no mundo espiritual. Essa pena só foi abolida em 1905.

Eles me levaram para uma sala para ver os instrumentos de punição. Bambu rachado para chicotear, parafusos de polegar, roldanas nas quais as pessoas são penduradas pelos polegares, e outras coisas agradáveis. Enquanto eu estava lá, trouxeram dois homens que foram pegos roubando. Os ladrões estavam acorrentados com os joelhos encostados no queixo e, nessa posição angustiante, foram carregados em cestos suspensos por um mastro entre dois coolies. Os juízes me explicaram que, como esses infratores foram flagrados pegando o que não lhes pertencia, suas mãos seriam estendidas sobre pedras planas e, com pedras menores, todos os ossos seriam quebrados. Depois, eles seriam enviados ao hospital para serem curados. Os prisioneiros que morrem na prisão são sempre decapitados antes do enterro.

Um americano que viveu muitos anos perto de Cantão me disse que há uma pequena ponte sobre um riacho na cidade, onde é costume pendurar criminosos em uma rede de arame fino, antes removendo todas as suas roupas. Uma série de facas afiadas são colocadas no final da ponte, e cada um que cruzar enquanto o homem estiver lá é incentivado a pegar uma faca e dar um golpe no desgraçado preso por arame. Como eu mesma não vi nada disso, só conto essas histórias como me foram passadas.

Eles me dizem que o castigo pelo bambu (não consigo lembrar agora o nome que deram) não é tão incomum na China quanto se poderia supor, em razão de sua extrema brutalidade. Alguns criminosos são imobilizados de pé, com as pernas abertas, presas a estacas na terra. Isso é feito diretamente acima de um broto de bambu. Para entender esse castigo em todo o seu pavor, é necessária uma pequena explicação sobre o bambu. Um broto de bambu não é diferente de deliciosos aspargos, mas tem uma dureza e uma força que não são igualadas pelo ferro. Quando começa a surgir, nada pode impedir seu progresso. É tão difícil, que vai passar por qualquer coisa em seu caminho para o alto, podendo transpor mesmo o asfalto — ou o que for, o bambu passa por ele tão facilmente como se a obstrução não existisse. O bambu cresce com uma rapidez maravilhosa direto para cima por trinta dias, e então para. Quando seu crescimento termina, ele libera sua casca, seus galhos se desdobram lentamente para fora. Eles são cobertos por uma folhagem suave e arejada, mais fina que a folhagem de um salgueiro. A distância, uma floresta de bambu é uma coisa linda, primorosamente macia e fina na aparência, mas nem o diamante é tão duro. Como eu disse, nada pode impedir um broto de bambu quando ele quer crescer. Nada jamais igualou a rapidez do seu crescimento, sabe-se até que se pode observá-lo crescer! Nos trinta dias em que leva para crescer, pode alcançar uma altura de 25 metros.

Imagine então um condenado preso acima de um broto de bambu e em posição tal que ele não possa escapar. O bambu começa em seu curso ascendente, jamais se importando com o que está em seu caminho; continua passando pelo homem que está ali morrendo, morrendo, a cada centímetro pior, consciente por um tempo. Então a febre misericordiosamente cala sua consciência. Por fim, após dias de sofrimento, sua cabeça tomba para a frente e ele está morto.[46] Mas isso não é pior do que amarrar um

---

46 *Esse tipo de tortura com o emprego de bambus não encontra nenhum registro histórico, circulando apenas na literatura de ficção.*

homem sob o sol fervente a uma estaca, cobrindo-o com cal e dando-lhe nada além de água para matar a fome e a sede. Ele se segura, ele quer viver, mas finalmente pega a água que está sempre ao seu alcance. Ele bebe, transpira e a cal começa a corroer. Eles também têm o hábito de suspender o criminoso pelos braços, torcendo-o para trás. Enquanto um homem mantiver seus músculos tensos, ele pode viver, mas no momento em que ele relaxa e cai, isso rompe os vasos sanguíneos e sua vida vai à deriva em um riacho carmesim. O infeliz é sempre pendurado em lugar público, onde os magistrados vigiam para que ninguém o liberte. Os amigos dos condenados se aglomeram em torno da autoridade, barganhando pela vida do homem. Se eles puderem pagar o preço extorsivo, o homem é retirado e posto em liberdade; se não, ele simplesmente fica pendurado até que os músculos cedam e ele caia para a morte. Também têm uma maneira de enterrar todos os criminosos, exceto suas cabeças. As pálpebras são atadas para trás de tal maneira que não possam fechá-las e, assim, voltados para o sol, são deixados para morrer. Espetar tiras de bambu sob as unhas dos dedos e depois atear fogo é outra maneira alegre de punir os transgressores.

 Eu não tinha ideia do que estava para ver quando subíamos os degraus de pedra imundos que levavam ao Templo dos Horrores. Concluí que era basicamente uma exibição de monstruosidades humanas. Os degraus estavam

---

No entanto foi comprovado que o broto de bambu pode, efetivamente, penetrar alguns centímetros em uma massa com a densidade da carne humana.

cheios de mongóis[47] sujos de todos os tamanhos, idades, formas e misérias. Quando eles ouviram nossos passos, aqueles que podiam ver e andar, correram para nós, chorando por esmolas; e aqueles que eram cegos e incapazes, levantaram suas vozes ainda mais alto porque não podiam se mover. Por dentro, um pátio de pedra estava lotado com uma massa humana. Havia leprosos, mascates, monstruosidades, cartomantes, jogadores, charlatães, dentistas com fieiras de dentes horríveis e até confeiteiros! Disseram que os chineses rezam aqui ocasionalmente e consultam seus deuses. Em pequenas celas imundas havia estátuas sujas, representando a punição do inferno dos budistas. Estavam sendo chicoteados, enterrados até a morte, fritos no óleo, decapitados, colocados sob sinos em brasa, sendo serrados ao meio e sofrendo outras coisas similarmente agradáveis.[48]

Cantão é conhecida por seus muitos e curiosos templos. Há mais de oitocentos deles na cidade. O mais interessante que vi durante minha excursão foi o Templo dos Quinhentos Deuses. Quando lá estivemos o guia me perguntou se eu era supersticiosa, e ao ouvir uma resposta afirmativa, disse que me mostraria como tirar minha sorte. Colocando alguns incensos em uma jarra de cobre diante do deus da sorte, ele tirou da mesa dois pedaços de madeira desgastados e sujos pelo uso frequente, que, colo-

---

47 *Seguindo o entendimento pseudocientífico da época, reforçado pelo colonialismo, Nellie chama os chineses por uma das três "raças" (sendo as outras duas caucasoide e negroide).*
48 *As cenas descrevem algumas das "narakas" (na tradição budista) ou "diyus" (no sincretismo popular chinês), onde os seres purgam o "karma".*

cados juntos, tinham o formato parecido com o de uma pera. Com essas peças de madeira — ele as chamava de "pombo da sorte" — unidas pelo lado liso, ele fazia movimentos circulares sobre os incensos fumegantes, uma vez, duas, três vezes, e largava o pombo da sorte no chão. Ele explicou que se um lado do pombo da sorte estivesse virado para cima e o outro para baixo, isso significava boa sorte; de outro modo, se ambos caíssem na mesma posição, significaria má sorte. Quando ele largou o pombo, ambos estavam emborcados no mesmo lado, então ele sabia que teria má sorte.

Eu estava tão supersticiosa que, ao pegar o pombo da sorte, meu braço tremeu e meu coração começou a pular em pequenas palpitações assim que eu fiz os movimentos sobre o incenso. Joguei a madeira sobre o chão, e um pedaço voltou-se para um lado e o outro pedaço para o outro, e eu fiquei muito feliz, pois sabia que teria boa sorte.

Visitei a Sala de Exames, onde há acomodações para o exame simultâneo de 11.616 alunos celestiais, todos do sexo masculino. Fomos até o portão de entrada através de um espaço sujo, parecido com um parque onde algumas poucas árvores raquíticas cresciam debilmente e vários porcos pretos e magros cavoucavam as raízes energicamente. Crianças sujas, em grande número, nos seguiam, pedindo esmolas em altos brados, e umas poucas mulheres que, com a ajuda de bengalas, andavam mancando com os pés pequenos e atados,[49] pararam para nos admirar com sorrisos de curiosidade e diversão.

---

49 *Ainda persistia, naquele tempo, o hábito de atar os pés das meninas para atrofiá-los. Pés pequenos eram símbolos de beleza e status:*

O espaço aberto é a entrada principal, então passamos por um pequeno portão chamado Portão da Equidade, e mais tarde ainda outro, o Portão do Dragão, que leva à grande avenida. Essa avenida oferece a mais estranha e curiosa visão. Um espaço aberto com uma torre no final, conhecida como torre de vigia, tem um deus da literatura no segundo andar. Em cada lado do amplo espaço verde há fileiras de edifícios caiados de branco, não muito diferentes na aparência dos currais para gado nas ferrovias. Nessas fileiras de celas, cubículos que medem um metro e meio por menos de um metro, 11.616 alunos com tranças passam pelo exame escrito. Nas laterais voltadas para a avenida, há inscrições chinesas mostrando que matéria é examinada naquela classe. Em cada cela há uma tábua para se sentar e outra um pouco mais alta para servir de escrivaninha. Essa secretária improvisada de maneira rústica precisa ser deslizada para permitir que o aluno entre ou saia, a menos que ele rasteje por baixo ou salte. Os mesmos textos são dados a todos durante o dia e, muitas vezes, quando as redações não são concluídas à noite, os alunos são mantidos durante a noite em seus cubículos. O salão tem cerca de quatrocentos metros de comprimento por duzentos de largura, e é realmente um lugar estranhamente interessante que vale a pena visitar. Diz-se que os exames são muito rígidos e, do grande número de candidatos examinados, às vezes apenas 150 são aprovados. O lugar em que acontecem os exames é chamado de

---

significava que as mulheres dispunham de criadas para trabalhar por elas, já que mal podiam andar (para conveniência e segurança dos homens).

Salão das Estrelas Auspiciosas, e a inscrição chinesa sobre a avenida traduzida diz: "Os céus que se abrem circulam literatura".[50]

Tive uma grande curiosidade em ver a vila dos leprosos, que se supõe abrigar centenas de chineses acometidos. A vila consiste em várias cabanas de bambus, e os leprosos compõem uma visão apavorante em sua esqualidez e imundície. Ah Cum nos disse para fumar cigarros enquanto estivéssemos na aldeia, para que os odores horríveis fossem menos perceptíveis. Ele deu o exemplo acendendo um, e todos nós o seguimos. Os leprosos eram simplesmente horríveis em sua miséria. Havia homens, mulheres e crianças de todas as idades e condições. Os poucos trapos imundos com que se esforçaram para esconder a nudez não apresentavam qualquer vestígio de roupa ou cor, de tão sujos e esfarrapados estavam. No piso térreo das cabanas de bambu havia pouco mais do que alguns trapos velhos, grama seca e coisas desse tipo. Não havia móveis. É inútil tentar uma descrição da terrível aparência dos leprosos. Muitos não tinham rosto, alguns eram cegos, outros tinham perdido os dedos, um pé, uma perna, mas todos estavam igualmente sujos, deploráveis e miseráveis. Os que conseguiam trabalhar cultivam um jardim de aparência realmente próspera, que fica perto de

---

50 *O exame imperial (科举) testava os conhecimentos dos candidatos nos fundamentos confucianos, nos clássicos e na literatura, para selecionar integrantes da burocracia do Estado. A taxa de aprovação era de apenas um em cada mil candidatos. A prática, criticada por dar mais valor à etiqueta e à cultura literária do que ao conhecimento técnico-científico, perdurou dois mil anos até ser abolida, em 1905.*

sua aldeia. Ah Cum me garantiu que eles vendiam seus vegetais no mercado da cidade! Fiquei feliz em lembrar que tínhamos trazido nosso almoço do navio. Os leprosos que conseguem caminhar passam o dia mendigando em Cantão, mas são sempre empurrados para irem dormir em sua aldeia. Não pude deixar de me perguntar qual seria o sentido de uma aldeia de leprosos se os leprosos poderiam se misturar com outras pessoas e as contagiar. Ao voltar para a cidade, encontrei vários leprosos mendigando no mercado. Vê-los entre a comida foi o suficiente para me fazer jurar nunca comer nada em Cantão. Os leprosos também têm permissão para se casar e um número surpreendente de crianças doentes nascem para levar uma existência amaldiçoada e infeliz.

Ao deixar a cidade dos leprosos, tive consciência de uma sensação interior de vazio. Era dia de Natal e pensei com saudades no jantar de casa, quando um dos homens do grupo comentou que seria quase meia-noite em Nova York. O guia disse que havia um prédio próximo que ele queria nos mostrar e onde poderíamos comer. Uma vez dentro de um muro alto, encontramos uma bela cena. Havia um lençol d'água intocado pelo vento. Ao fundo, os galhos de árvores baixas e pendentes beijavam a água parada exatamente onde estavam algumas garças de pernas compridas, que tanto vemos pintadas nos leques chineses.

Ah Cum nos conduziu a uma sala isolada do pátio por um grande portão esculpido. Dentro, havia cadeiras e mesas de madeira. Enquanto comia, ouvi cânticos ao som estranho e lamentoso de um tom-tom e de uma flauta estridente. Quando fiquei com menos apetite e mais curiosidade, perguntei a Ah Cum onde estávamos, e ele respondeu:

— No Templo dos Mortos.

E no Templo dos Mortos eu estava almoçando no Natal. Mas isso não atrapalhou o almoço. Antes de terminarmos, vários chineses se aglomeraram em torno do portão e me olharam com curiosidade. Eles seguravam várias crianças bem vestidas, crianças limpas, para me ver. Pensando em agradar, avancei para cumprimentá-los, mas eles chutaram e gritaram e, descendo, voltaram correndo assustados, o que nos divertiu imensamente. Depois de algum tempo, seus acompanhantes conseguiram acalmá-los, e eles foram persuadidos a apertar minha mão. Uma vez quebrado o gelo, ficaram tão interessados em mim, em minhas luvas, em minhas pulseiras e em meu vestido, que logo no início me arrependi de ter sido amigável.

É costume, com a morte de uma pessoa, acender uma fogueira à noite e lançar no fogo utensílios domésticos, como caixas de dinheiro, estojos de vestido etc., compostos de papel dourado, enquanto os sacerdotes tocam suas flautas estridentes. Eles afirmam que o diabo que habita todos os corpos deixa o corpo para salvar a propriedade dos mortos, e uma vez que conseguem atraí-lo para fora, ele nunca consegue entrar de novo, então as almas são salvas.

Subi degraus altos e sujos de pedra até o relógio de água que, dizem, tem mais de quinhentos anos e nunca foi danificado ou reparado. Em pequenos nichos nas paredes de pedra havia pequenos deuses, diante deles os incensos fumegantes. O relógio de água consiste em quatro jarros de cobre, do tamanho de baldes de madeira, colocados em degraus, um acima do outro. Cada um tem um bico de onde vem um gotejar constante. No último e inferior está um indicador, muito parecido com uma régua, que sobe com a água, mostrando a hora. Em um quadro negro pendurado do lado de fora, eles marcam o tempo para ajudar a população da cidade. O jarro superior é enchido uma vez a cada 24 horas, e essa é toda a manutenção que o relógio requer.

Em nosso retorno ao Powan, encontrei alguns belos presentes do cônsul Seymour e os cartões de vários europeus que haviam perguntado por mim. Sofrendo de uma forte dor de cabeça, fui para minha cabine, e logo estávamos a caminho de Hong Kong, então minha visita a Cantão no dia de Natal ficou no passado.

CAPÍTULO XIV
Para a terra do Mikado

Pouco após meu retorno a Hong Kong, zarpei para o Japão no *Oceanic*. Vários amigos, que tanto contribuíram para meu prazer e conforto durante a estada na China britânica, vieram ao navio para se despedir. Com muita tristeza, despedi-me deles. O capitão Smith nos convidou para sua cabine, onde todos brindamos e desejamos uns aos outros sucesso, felicidade e as outras coisas boas deste mundo. Tendo chegado o derradeiro momento, foi dado o último adeus, nós partimos e eu comecei minha jornada para a terra do Mikado.[51]

O navio Oceanic, no qual viajei de Hong Kong para São Francisco, tem uma história interessante. Quando foi desenhado e lançado vinte anos atrás pelo sr. Harland, de Belfast, Irlanda, ele abalou o mundo náutico. O desenho foi o primeiro a introduzir melhorias para o conforto dos passageiros, como o salão interno, evitando o barulho dos motores e principalmente o ruído da hélice em dias de mau tempo. Antes disso, os navios eram escuros

---

51 *Assim era chamado o imperador do Japão. É talvez referência também a* The Mikado, *opereta muito popular à época.*

e sombrios na aparência e construídos sem a menor preocupação com a felicidade dos passageiros. Sr. Harland, no Oceanic, foi o primeiro a fornecer um convés de passeio e a dar ao salão e às cabines uma aparência leve e alegre. Na verdade, o Oceanic foi tão inovador que despertou o ciúme de outras companhias, que decretaram que ele era indigno de se navegar. Diz-se que o clamor contra o navio foi tão grande que marinheiros e bombeiros exigiram um pagamento extra para fazer a primeira viagem.

Em vez do fracasso que previam, o Oceanic mostrou ser um grande sucesso. Tornou-se o mais veloz do Atlântico, sendo posteriormente transferido para o Pacífico, em 1875. É o navio preferido da linha O. & O., cumprindo seus itinerários com rapidez e regularidade. Mantém uma aparência de novidade e parece ficar mais jovem com os anos. Em novembro de 1889, fez a viagem mais rápida já registrada entre Yokohama e São Francisco. Não se poupou em nada no conforto dos passageiros. O bufê era difícil de ser superado, mesmo por hotéis de primeira classe. Os passageiros recebem todas as regalias e os comissários fazem o possível para que seus hóspedes se sintam em casa, de modo que, no oriente, o Oceanic é o navio preferido, e as pessoas esperam meses para viajar nele.

Quando fui ao navio pela primeira vez, o macaco havia sido transferido do Oriental. Encontrando a comissária, perguntei como estava o macaco, ao que ela respondeu secamente:

— Nós nos conhecemos.

Ela tinha o braço enfaixado do pulso ao ombro!

— O que você fez? — perguntei, consternada.

— Eu só gritei, o macaco fez o resto! — ela respondeu.

Passei a véspera de ano-novo entre Hong Kong e Yokohama. O dia estava tão quente que não usávamos agasalhos. Mais para a noite, os passageiros sentaram-se juntos no Salão Social conversando, contando histórias e rindo deles. O capitão tinha uma celestina[52] que trouxe para o salão, e ele e o médico se revezaram na manivela. Já à noite, fomos para o refeitório onde o comissário nos ofereceu ponche, champanhe e ostras, uma iguaria rara que havia preparado nos Estados Unidos apenas para aquela ocasião.

A bordo do navio, tornamo-nos todos crianças! Depois de ostras, estávamos aprontando todo o tipo de brincadeira infantil. Assim que nos sentamos ao redor da mesa, o médico deu a cada um de nós uma palavra a dizer, como "Ish", "Ash", "Osh". Então, depois de decorarmos nossa fala, ele nos disse para gritarmos as palavras em uníssono quando ele desse o sinal. Nós fizemos, e soou como um grande espirro — o espirro mais gigantesco e absurdo que já ouvi na minha vida. Posteriormente, um homem divertido de Yokohama, cuja esposa era igualmente divertida e animada, nos ensinou uma canção que consistia em um verso, com uma melodia bastante simples e cativante.

— Docemente canta o burro quando ele vai para a grama. Docemente canta o burro quando ele vai para a grama. Ec-ho! Ec-ho! Ec-ho!

Quando os oito sinos tocaram, levantamo-nos e cantamos "Auld Lang Syne"[53] com os copos nas mãos e, ao

---

52 *Instrumento que tocava músicas registradas em cartões perfurados.*
53 *"Auld Lang Syne", canção folclórica escocesa. Na versão brasileira canta-se "Adeus amor, eu vou partir, ouço ao longe um clarim..."*

último eco da boa e velha canção, brindamos à morte do ano antigo e ao nascimento do novo. Apertamos as mãos, cada um desejando um feliz ano-novo ao outro. Terminava 1889 e começava 1890, com seus prazeres e dores. Pouco depois, as mulheres se retiraram para seus aposentos. Fui dormir embalada pelos sons de conhecidas melodias negras cantadas pelos homens no *fumoir* sob minha cabine.

CAPÍTULO XV
Cento e vinte horas no Japão

Depois de ver Hong Kong com seus cais apinhados de barcos sujos operados por pessoas ainda mais sujas, e suas ruas inundadas de uma multidão imunda, Yokohama tinha um aspecto limpo de domingo. Os viajantes são levados dos navios, que ancoram a alguma distância na baía, para a terra em pequenas lanchas a vapor. Os hotéis de primeira classe nos diferentes portos têm suas lanchas individuais, mas como acontece nos transportes dos hotéis americanos, embora sejam administrados pelo hotel para auxiliar na obtenção de clientes, o viajante paga por eles da mesma maneira.

Uma taxa de importação e de exportação é cobrada no Japão, mas passamos pelos inspetores de alfândega sem sermos incomodados. Achei os riquixás japoneses uma grata melhoria em relação aos que vi do Ceilão à China. Eles não apresentavam nenhum sinal de trapos imundos, nem corpos nus, nem cheiro de gordura. Vestidos em elegantes roupas azul-marinho, as perninhas rechonchudas envoltas em calças justas sem rugas, a parte superior do corpo em jaquetas curtas com mangas largas; seus rostos limpos e bem-humorados, espiando por baixo de chapéus cômicos em forma de cogumelo; seus cabelos pretos cortados logo acima da nuca, ofereciam um contraste notável aos condutores de riquixás de outros países. Seus emblemas eram bordados nas costas e nas mangas da roupa de cima, assim como os emblemas de todos os homens, mulheres e crianças no Japão.[54]

A chuva da noite anterior havia deixado as ruas lamacentas e o ar fresco e puro, mas o sol se esgueirando pela neblina da madrugada, caiu sobre nós com um calor mais gratificante. Depois de cobrir nossos joelhos com mantas, os riquixás partiram em um trote animado para o Correio do Pacífico e o escritório da O. & O., onde deparei com pessoas indelicadas pela primeira vez desde o P. & O. do Victoria. E esses também eram americanos. A desculpa mais generosa que se pode dar a eles é que ocupam seus cargos há tanto tempo que se sentem senhores, em vez de servidores de uma companhia de vapor. Um homem que entrou no escritório para comprar uma passagem para os Estados Unidos foi atendido da seguinte maneira por um dos chefes:

— Vai ter que voltar mais tarde se quiser um bilhete. Vou almoçar agora.

Hospedei-me no Grande Hotel enquanto estava no Japão. É um edifício amplo, com varandas compridas, grandes salões e quartos arejados, com uma vista deslumbrante para o lago adiante. Exceto por uma coleção enorme e monótona de ratos, o Grande seria considerado um bom hotel nos Estados Unidos. A comida é esplêndida e o serviço excelente. Os japoneses, silenciosos, rápidos, ansiosos por agradar, estão à frente de todos os emprega-

---

54 Referência aos 紋 ("mon"), emblemas de família ou procedência.

dos que encontrei de Nova York a Nova York; e ficam tão elegantes em suas calças justas azuis e jaquetas de linho brancas...

Sempre tenho um impulso de rir quando olho para os japoneses em suas roupas nativas. Suas pernas são pequenas e suas calças são justas. A roupa de cima, com mangas grandes e largas, é tão solta quanto a de baixo é justa. Quando estão prestes a partir colocando o chapéu em forma de bandeja sobre a cabeça, é espantoso como essas pequenas pernas podem carregar tudo! Enfie dois palitos na ponta de uma batata, um cogumelo na outra, e pode imaginar o formato de um japonês. E pense em saltos altos! A sandália japonesa é uma pequena prancha elevada sobre duas peças de madeira com uns quinze centímetros de altura. Ela faz com que se pareça como se estivessem sobre pernas de pau. Esses sapatos esquisitos são atados ao pé por uma única tira que corre entre os dedos número um e dois, e quem os está usando, ao caminhar, precisa deslizar, em vez de subir e descer os pés, a fim de manter o sapato calçado.

Em um dia frio, poderíamos facilmente imaginar que os japoneses pertencem a uma nação de pessoas sem braços. Eles cruzam os braços sob as mangas compridas e soltas. As mangas de uma japonesa são para ela o que os bolsos de um menino são para ele. Cartas, dinheiro, pentes, grampos de cabelo, enfeites e papel de arroz são carregados nas mangas. O papel de arroz é seu lenço, e ela observa com horror e nojo quando devolvemos nossos lenços aos bolsos, depois de usá-los. Acho que as mulheres japonesas carregam tudo na manga, até o coração. Não que sejam volúveis — ninguém é mais sincero, mais dedicado, mais leal, mais constante do que as mulheres japonesas —, mas são tão ingênuas e sem malícia que quase qualquer um, dada a oportunidade, poderia abusar de sua boa vontade.

Se amasse alguém e me casasse, diria a minha cara metade: "Venha, eu sei onde fica o Éden", e, como Edwin Arnold,[55] eu trocaria minha terra natal pelo Japão, a terra de amor-beleza-poesia-limpeza. De alguma maneira, sempre conectei o Japão e seu povo com a China e seu povo, acreditando que de um para outro não havia melhorias. Eu não poderia ter cometido erro maior. O Japão é lindo. Suas mulheres são encantadoramente doces. Eu sei pouco sobre os homens, exceto que eles não vão muito longe em nossos padrões de beleza masculina, sendo pequenos, morenos e longe de serem charmosos. Eles têm a reputação de extremamente espertos, então não falo deles como um todo, apenas daqueles com quem entrei em contato. Eu vi um, com estatura de gigante e feições de um deus, mas esse era um lutador profissional.

Os japoneses são o oposto direto dos chineses. Os japoneses são as pessoas mais limpas do planeta, os chineses são as mais sujas; os japoneses estão sempre felizes e alegres, os chineses estão sempre rabugentos e taciturnos; os japoneses são as pessoas mais graciosas, os chineses, as mais desajeitadas; os japoneses têm poucos vícios, os chineses têm todos os vícios do mundo; em suma, os japoneses são as pessoas mais encantadoras, os chineses as mais desagradáveis.[56]

---

55 *Jornalista britânico, divulgador do budismo no Ocidente.*
56 *Nellie não leva em conta o estado bem distinto em que os países se encontravam em fins do século 19. Ambos estiveram fechados para*

A maioria dos europeus mora no Bluff, em bangalôs brancos e baixos, com grandes quartos e varandas arejadas, construídos no coração de jardins orientais, de onde se pode ter uma vista inigualável da enseada do Mississippi,[57] ou pode-se jogar tênis ou críquete, ou relaxar em redes, protegidas do olhar do público por luxuosas cercas verdes. As casas japonesas contrastam muito com os bangalôs. Elas são delicadamente pequenas, como casas de brinquedo, construídas com uma tábua fina, de textura suave. Não se sabe o que são chaminés e lareiras. A primeira parede é recuada, permitindo que o piso superior e as paredes laterais se estendam sobre o piso inferior, criando um pórtico externo. Molduras claras, com suas aberturas minúsculas cobertas com papel de arroz fino no lugar de vidro, fazem as vezes de porta e janela. Eles não abrem e fecham, como nossas portas; nem sobem e

---

os estrangeiros, e a situação dos japoneses então era mais precária do que a dos chineses. Quando Nellie o visitou, o Japão havia acabado de passar pela Revolução Meiji, quando o imperador liderou reformas que rapidamente modernizaram e industrializaram o país. Já a China, à época de Nellie, amargava o "século de humilhação", que começara em 1839 com a derrota nas Guerras do Ópio para a Inglaterra, que forçara a China a abrir-se para o comércio internacional, arrancando Hong Kong e abrindo para que França, Alemanha, Rússia e Japão se apoderassem de outros nacos. O espólio internacional, junto com secas que dizimavam os chineses aos milhões, e a lenta agonia da incompetente e tradicionalista dinastia Qing, arruinaram completamente o país.

57 *"Bluff" e "Mississippi" são nomes atribuídos pelos norte-americanos quando da chegada da esquadra do comandante Perry (1853), para abrir à força o Japão ao comércio internacional. Hoje a enseada, que faz parte da baía de Tóquio, chama-se* 根岸 *(Negishi),*

descem, como nossas janelas; mas deslizam para as laterais. Formam as divisórias internas das casas e podem ser removidas a qualquer momento, transformando tudo em um só cômodo.

Há dois costumes muito bonitos no Japão. Um deles é decorar as casas em homenagem ao novo ano, e o outro celebrar o florescimento das cerejeiras. As mudas de bambu recobertas por folhagens leves e vergadas de modo a inclinarem-se para o meio da rua, onde se encontrando formam um arco, constituem decorações muito eficazes. Talos de arroz, misturados com algas marinhas, laranja, lagosta e samambaias são penduradas em todas as portas para garantir um ano abundante, enquanto como sentinelas de cada lado estão grandes tubos, nos quais há três grossos talos de bambu, com pequenas árvores perenes como fundo.[58]

No frescor da noite, fomos a uma casa que havia sido especialmente reservada para uma exibição de dançarinas, ou gueixas. À porta, vimos todos os sapatos de madeira dos moradores, e nos pediram para que retirássemos os nossos antes de entrar, um procedimento bastante desagradável para alguns, que se recusaram absolutamente a atender o que era pedido. Chegamos a um acordo, no entanto, colocando chinelos de pano sobre nossos sapatos. O segundo andar tinha sido convertido em uma única sala, com nada além de uma esteira e uma

---

58 Um *"kadomatsu"* (門松, *"portão de pinheiro"*) *é uma decoração tradicional japonesa para receber o ano-novo colocado diante das casas para dar boas-vindas aos espíritos ancestrais ou deuses da colheita. É retratado no emoji "dos três bambus".*

gravura aqui e ali. Sentamos sobre o chão, pois não há cadeiras no Japão, mas a delicada esteira é acolchoada até ficar macia como veludo. Foi cômico nos ver sentando, e ainda mais ver nosso esforço para encontrar uma postura confortável para as pernas. Éramos quase tão elegantes quanto um elefante dançando. Uma mulher sorridente em um quimono preto colocou vários fogareiros redondos e quadrados contendo carvão em brasa diante de nós. Estes são os únicos fogões japoneses. Em seguida, trouxe uma bandeja contendo cachimbos de cabo longo — as japonesas fumam constantemente —, um bule de chá e várias taças pequenas.

Esperei impacientemente pelas gueixas. As minúsculas donzelas douradas por fim deram o ar de sua graça, em requintados quimonos com mangas de anjo. As meninas se curvaram de maneira graciosa, inclinando-se até que suas cabeças tocassem os joelhos, então, ajoelhando-se diante de nós, murmuram suavemente uma saudação que soa como "Koinbanwa!",[59] prendendo a respiração com uma aspiração longa e sibilante, um sinal de grande honra. Os músicos sentaram-se no chão e iniciaram um ruído alarmante com *samisens*, tambores e gongos, enquanto cantavam em tons anasalados. Se os narizes não fossem tão bonitos, tenho certeza de que a música seria insuportável para quem já ouviu um dó de peito. As gueixas mantinham-se na pose com um leque aberto acima da cabeça, prontas para começar a dança. Elas são muito pequenas e têm a mais fina das mais finas cinturas. Seus olhos suaves e afetuosos tornam-se ainda mais negros

---

59 "*Konbanwa*", こんばんは, *ou apenas "boa noite"*.

com cílios e sobrancelhas pintadas; seus cabelos da cor da noite, enrijecidos com água engomada, são maravilhosamente penteados em grandes espirais e ornamentados com flores de ouro e prata e pompons de papel dourado. Quanto mais jovem a garota, mais enfeitado é seu cabelo. Seus quimonos, do material mais requintado, se arrastam ao redor delas e são frouxamente presos na cintura por uma faixa obi; as mangas compridas esvoaçantes caem para trás, mostrando seus braços com covinhas e suas mãos de bebê. Nos pés minúsculos, usam meias elegantes de linho branco, com uma separação para o dedão. Quando saem, usam sandálias de madeira. As japonesas são as únicas mulheres que eu já vi que sabiam usar rouge e pó de arroz sem parecer repulsivas, ficavam até mais charmosas por causa disso. Empoam o rosto e têm um jeito de avermelhar o lábio inferior apenas na ponta, que lhes dá uma aparência muito tentadora — os lábios parecem duas cerejas exuberantes. Os músicos iniciam uma longa sequência de cânticos, e as pequenas beldades dão início à dança. Com uma graça simplesmente encantadora, giram seus pequenos leques, balançam seus corpos delicados em uma centena de poses diferentes, cada uma mais inebriante que a outra, o tempo todo parecendo tão infantis e tímidas, com um sorriso inocente à espreita nos lábios, covinhas em suas bochechas macias e seus olhos negros brilhando com o prazer da dança. Depois do baile, as gueixas fizeram amizade comigo, examinando, com surpresa e deleite, meu vestido, minhas pulseiras, meus anéis, minhas botas — para elas as coisas mais maravilhosas e extraordinárias —, meu cabelo, minhas luvas... Na verdade, elas não deixaram passar nada e aprovaram tudo. Disseram que eu era muito doce e me incentivaram a voltar. Em homenagem ao costume de minha terra — os japoneses nunca se beijam —, elas pressionaram seus beicinhos macios nos meus na despedida.

As mulheres japonesas não sabem nada sobre chapéus, e espero que nunca tenham que saber. Em dias chuvosos, amarram lenços brancos sobre o maravilhoso penteado, mas outras vezes andam pelas ruas com a cabeça descoberta, com leque e guarda-chuva, e seus tamancos de madeira. Elas não têm absolutamente nenhuma mobília. Suas camas são uma esteira, seus travesseiros, blocos estreitos de madeira, de uns quinze centímetros de comprimento, cinco de largura e quinze de altura. Elas descansam a nuca no forro de veludo, de modo que seus cabelos maravilhosos permanecem penteados por semanas a fio. O chá e o cachimbo sempre ficam ao lado delas, para que possam desfrutá-los antes de dormir e logo depois de se levantar.

Um repórter japonês de Tóquio veio me entrevistar. Seu jornal havia traduzido e publicado a história de minha visita a Júlio Verne. Cuidadosamente, leu as perguntas que queria me fazer. Elas foram escritas em intervalos em longos rolos de papel, o espaço a ser preenchido na medida em que eu fosse respondendo. Achei ridículo, até que lembrei que eu era a entrevistada. Então concluí que seria mais humano adotarmos o sistema japonês de entrevistar.

Fui a Kamakura para ver o grande deus de bronze, a imagem de Buda, familiarmente chamado de Daibutsu. Fica em um vale verdejante no pé de duas montanhas. Foi construído em 1250 por Ono Goroyemon, um famoso escultor de bronze, e tem quinze metros de altura. Está sentado à moda japonesa, sendo a circunferência da cintura de trinta metros. Tirei minha fotografia sentada em seu polegar com dois amigos, um dos quais fez ao deus uma oferenda de 50 mil yen. Muitos anos atrás, na festa do deus, sacrifícios eram feitos a Daibutsu. Com frequência, o interior oco era aquecido até o bronze ficar branco, e centenas de vítimas eram lançadas na fornalha em homenagem ao deus.[60] É diferente agora e, já que sacrifícios não são mais costumeiros, o interior oco é inofensivamente equipado com pequenos altares e uma escada pela qual os visitantes podem subir até o olho de Daibutsu e, daquela altura, avistar a linda região ao redor. Visitamos também um templo próximo dali muito bonito, vimos uma famosa palmeira em forma de leque e um lago de lótus, e passamos algum tempo em uma deliciosa casa de chá, onde duas japonesinhas nos serviram chá e doces. Também passei um dia em Tóquio, onde vi os castelos japoneses e europeus do Mikado, que são cercados por uma parede de pedra de cinquenta pés e circundados por três largos fossos. As pessoas em Tóquio estão tentando imitar o estilo dos europeus. Notei vários homens em trajes nativos andando de bicicleta. A propósito, as estradas são excelentes. Há uma linha de bondes em Tóquio, uma novidade no Oriente, e carruagens de todos os tipos. As roupas europeias enviadas ao Japão são ao menos *prêt-a--porter*, se não forem de segunda mão. Uma mulher que vi era considerada muito elegante. O corpete de um vestido

---

60 *Evidentemente, Nellie foi enganada ou talvez confundiu o Daibutsu com o Moloque bíblico (uma estátua de bronze onde crianças eram sacrificadas). O Budismo tem por princípio a vida, e jamais foi associado a sacrifícios, humanos ou animais.*

europeu que ela usava tinha sido cortado para caber em uma cintura fina e estreita. As japonesas nunca viram um espartilho, e suas cinturas são enormes. A mulher conseguiu fechar um botão no pescoço e, a partir desse ponto, o corpete foi aberto. Ela era considerada muito moderna. Certa noite, no jantar, vi uma japonesa em um vestido de noite decotado, com nada além de meias brancas nos pés.

Haveria material para um extenso livro se eu tentasse descrever tudo que vi durante minha permanência no Japão. No caminho do grande santuário de Shiba, vi uma floresta de árvores magníficas. No portão esculpido que conduz ao templo, havia centenas de lanternas de pedra e bronze, que sozinhas valeriam uma fortuna. Cada lado do portão era adornado por gigantescas imagens esculpidas de aspecto feroz. Elas eram cobertas com bolas de papel mastigado. Quando comentei que os estudantes devem se sentir muito à vontade com as imagens, um senhor explicou que os japoneses acreditavam que suas preces seriam atendidas se jogassem nos deuses papel mastigado e ele grudasse, caso contrário, suas preces passariam despercebidas. Pelo visto, muitas preces tiveram de ser atendidas. Em outro portão, vi o deus de aparência mais vergonhosa. Não tinha nariz. Os japoneses acreditam que se eles têm uma dor ou aflição e esfregam as mãos sobre o rosto daquele deus e, em seguida, na parte do corpo dolorida, eles serão curados imediatamente. Não sei dizer se isso os curou ou não, mas sei que tanto esfregaram que o nariz do deus desapareceu.

Os japoneses são pessoas muito progressistas. Eles se apegam a sua religião e a seus modos de vida, que em muitos aspectos são superiores aos nossos, mas adotam prontamente qualquer ofício ou hábito que seja um aperfeiçoamento para eles. Achando o traje masculino europeu mais útil do que seu traje nativo, para alguns ofícios, eles prontamente o adotaram. As mulheres testaram o vestido europeu e, achando-o bastante incômodo e sem graça, voltaram a usar seus quimonos requintados, mantendo o uso de roupas íntimas europeias, que consideravam mais saudáveis e confortáveis do que a ausência total delas, a que estavam acostumadas. A melhor prova do conforto dos quimonos reside no fato de que os residentes europeus os adotaram inteiramente para uso em casa. Somente sua longa sujeição à moda impede que os usem em público. O patriotismo japonês deve servir de modelo para nós, americanos descuidados. Nenhum estrangeiro pode ir ao Japão e monopolizar um comércio. É verdade que há pouco tempo eles ignoravam totalmente as conveniências modernas. Não sabiam nada de ferrovias, bondes, motores ou iluminação elétrica. Eram muito espertos para desperdiçar sua inteligência em esforços para redescobrir invenções conhecidas por outras nações, mas tinham que tê-las. Imediatamente mandaram buscar em outros países homens que entendiam o segredo de tais coisas, e a preços fabulosos e sob contratos de três, cinco e às vezes dez anos de duração, os trouxeram para suas terras. Eles foram postos para trabalhar e com eles labutaram, vigilantes, os mais espertos entre os japoneses. Quando o contrato termina, não é mais necessário encher os cofres de um estrangeiro. O consultor era dispensado e seus homens, totalmente qualificados para o trabalho, assumiam a posição. E assim, passaram a comandar todos os negócios em seu país.

    Os quimonos são compostos de três peças, cada peça uns três centímetros, pelo menos, mais comprida que a outra. Vi um quimono que uma japonesa comprou para as festas de fim de ano. Era um conjunto de crepe de seda cinza, com flores de pêssego rosa aqui e ali. Era forrado com a seda rosa mais macia e a bainha, que vai até o chão, era densamente acolchoada com um delicado sachê de perfume. A roupa de baixo era a mais tênue seda branca. A roupa toda custa sessenta dólares, dos quais um dólar e meio são pagos para a costura. A roupa japonesa é costurada com o que chamamos de ponto de alinhavo, mas é tão durável quanto poderia ser se costurada com o menor dos pontos. As mulheres japonesas têm espelhos nos quais podem ver seus inúmeros encantos. Seus espelhos são placas de aço redondas e altamente polidas, e elas nunca ouviram falar de espelhos de vidro, como os nossos. Todas elas carregam estojos de seda em suas mangas compridas, onde colocam seus cartões diminutos.

A língua inglesa é ensinada nas escolas do Japão, assim como é ensinada a elegância. As meninas aprendem movimentos graciosos, como receber, entreter e despedir-se dos visitantes; como servir chá e doces graciosamente; e como usar os palitinhos. É bonito ver uma adorável mulher usando os palitinhos. Em uma casa de chá ou em jantar comum, colocam no lugar do comensal um papel comprido e um par de pauzinhos, de uns trinta centímetros de comprimento, mas não mais grossos do que o mais fino de nossos lápis. Os palitos são geralmente entalhados em uma única peça e separados apenas parcialmente para provar que nunca foram usados. Cada um quebra seus palitos antes de comer e, após a refeição, eles são descartados.

Um americano que reside no Japão me contou que estava para assistir a uma cremação. O cemitério japonês é bem estranho, com lápides colocadas próximas umas das outras, reservando para os túmulos um espaço menor do que os túmulos de bebês nos Estados Unidos. Assim que um corpo dá seu último suspiro, ele é despido e dobrado, cabeça com pés, e isso é feito para que possa ser colocado em uma pequeníssima caixa de bambu construída em imitação de uma casa japonesa. Essa "casa" pode custar muito dinheiro. A caixa é transportada pelas ruas em dois mastros até o local da cremação, onde é entregue a cargo do cremador, e os amigos retornam para suas casas até o dia seguinte, quando voltam para recolher as cinzas, que são geralmente colocadas em uma urna e enterradas. O americano de quem falei, combinou com um cremador e, acompanhado por um amigo, caminhou até o local, no campo, e esperou, fora da vista de todos, até que os enlutados tivessem desaparecido, antes de se atrever a se aproximar o suficiente para ver a cremação. Eles haviam caminhado uma boa distância, sem jantar, e disseram, com ingenuidade, que o odor era como o da carne de vitela, e que isso o deixara com uma fome atroz.

Um buraco de aproximadamente um metro é feito na terra e nele o fogo é aceso. Quando atinge a temperatura adequada, a caixa é depositada sobre ele, e consumida em um instante. O corpo, liberado de sua posição dobrada, é esticado. A metade inferior, estando sobre o fogo, logo foi cremada, exceto os pés e as articulações dos joelhos. O homem encarregado puxou cuidadosamente a parte superior do corpo sobre o fogo e, com o mesmo tridente, colocou os pés e as articulações dos joelhos semiconsumidos sob os braços. Em menos de uma hora, tudo o que restou do corpo foram algumas cinzas no fundo do buraco. Enquanto o cremador explicava tudo ao cavalheiro, ele repetidamente enchia seu cachimbo e o acendia com o fogo do corpo em chamas. Por insistência do cremador, o cavalheiro consentiu em tomar chá com ele quando sua tarefa estivesse concluída. Eles entraram em sua casinha bem cuidada, enquanto o cremador mergulhava em um banho fervente no jardim a céu aberto, de onde emergiu mais tarde, vermelho como uma lagosta. Nesse ínterim, suas lindas e encantadoras filhas ofereciam as hospitalidades de sua casa aos hóspedes, e o pai, desejoso de desfrutar sua companhia, veio e ficou à porta, conversando com eles e observando-os comer enquanto enxugava o corpo nu com uma toalha!

A vista mais bonita do Japão, eu acho, são as ruas tradicionais à tarde. Homens, mulheres e crianças saem para brincar de peteca e empinar pipas. Podem imaginar que visão encantadora é a das mulheres — bonitas, com lábios de cereja, olhos negros brilhantes, cabelos ornamentados e cintilantes, vestidos primorosamente graciosos, pés bem cuidados com meias brancas enfiados em sandálias de madeira, bochechas e braços com covinhas, mãos de bebê com covinhas, adoráveis, inocentes, naturais e felizes — brincando de peteca pelas ruas de Yokohama?

As crianças japonesas são diferentes de todas as outras crianças que já vi brincando. Elas aparentam estar sempre felizes e nunca parecem discutir ou chorar. Garotinhas japonesas, elevadas em sandálias de madeira e com bebês quase tão grandes quanto elas amarrados nas costas, brincam de peteca com uma entrega que é impressionante, até que uma delas se dá conta de que se moveria com muito mais agilidade se as costas estivessem livres do fardo de babá. Bebês japoneses são uns camaradinhas muito graciosos. Eles usam roupas tão maravilhosamente acolchoadas que parecem tão disformes quanto um travesseiro de penas. Outros podem pensar, como eu, que as estranhas partes raspadas em suas cabeças fossem um estilo estranho de ornamentação, mas não são. Garantiram-me que as manchas são raspadas apenas para manter as cabeças dos bebês frescas.

Os japoneses não são apenas bonitos e artísticos, mas também muito prestativos. Um amigo meu que nos guiou no Japão tinha uma Kodak[61] e, sempre que encontrávamos um grupo interessante, ele tirava fotos. Ninguém se opunha, e as crianças, especialmente, expressavam prazer em serem fotografadas. Quando ele as colocava em posição, ou pedia que ficassem paradas, elas posavam rígidas, como pequenos tocadores de tambor, até que ele lhes desse permissão para se moverem.

O único arrependimento da minha viagem, e que nunca deixarei de me arrepender, foi que, durante a partida apressada, esqueci de levar uma Kodak. Em cada navio e em cada porto, encontrei outros — e os invejei — com Kodaks. Eles podiam fotografar tudo o que lhes agradasse; a luz nessas terras é excelente, e muitas foram as agradáveis lembranças de seus conhecidos e de si mesmos que levaram para casa em suas chapas. Conheci um alemão que estava há dois anos dando a volta ao mundo e carregava duas Kodaks, uma grande e uma de tamanho pequeno, e sua coleção de fotografias era a mais interessante que já vi. Nos diferentes portos pelos quais pas-

---

61 *No ano anterior, a Kodak havia lançado a primeira câmera fotográfica portátil e acessível para amadores.*

sava, ele mandava fotógrafos profissionais revelarem suas chapas.

Os japoneses, muito solidários, reservaram uma profissão para seus cegos. Eles aprendem a dar massagens nos banhos e a ninguém além dos cegos é permitida essa vocação. Essas pessoas saem pelas ruas proferindo em uma melodia lamentosa estas palavras: "Dou massagens, dos pés à cabeça, por dois centavos".

No parque Uyeno, onde exibem uma árvore plantada pelo General Grant à época de sua viagem ao redor do mundo, vi um macaco muito engraçado que pertencia a um zoológico bastante interessante. Era muito grande, e tinha um rosto escarlate e pelo cinza. Estava acorrentado à cerca e, quando um dos rapazes do nosso grupo subiu e falou com ele, o macaco parecia muito sagaz e sábio. Na pequena multidão que se reunia em volta, totalmente fora do alcance do macaco, estava um jovem japonês que, num espírito de travessura, lançou uma pedra no sábio de rosto vermelho, que se voltou com ar pesaroso e indagador para meu amigo.

— Vá atrás dele — meu amigo respondeu, solidarizando-se com o macaco que, ao olhar, se virou, e com toda a força tentou se libertar para obedecer ao comando.

O japonês fugiu e o macaco se acalmou, olhando expressivamente para o local onde o japonês estivera, e depois para meu amigo, pedindo sua aprovação, o que obteve. O tratador deu ao macaco seu jantar, que consistia em duas grandes batatas-doces cozidas. Meu amigo partiu uma em duas e o macaco comeu avidamente o interior, colocando o restante com a outra batata na cerca entre seus pés. De repente, ele ergueu os olhos e, com a rapidez de um raio, arremessou, com toda a força, que era inacreditável, o restante da batata na cabeça de alguém na multidão. Houve alguns gritos altos e uma dispersão, mas a batata, sem acertar a cabeça de ninguém, foi se chocando com tanta força contra uma cerca de tábua que cada partícula dela permaneceu grudada ali em uma mancha disforme. O japonês que havia jogado a pedra no macaco e ganhou sua inimizade encolheu-se silenciosamente com o rosto lívido. Ele havia retornado sem ser notado por ninguém, exceto pelo macaco, que tentou se vingar com a batata. Admirei tanto a astúcia do macaco que teria tentado comprá-lo se já não tivesse um.

Em Yokohama, subi a Escadaria dos Cem Passos,[62] no topo da qual vive uma bela japonesa, Oyuchisan, musa para artistas e poetas e admirada pelos turistas. Um dos eventos agradáveis de minha estada foi o almoço que me ofereceram a bordo do Omaha, o navio de guerra americano ancorado em Yokohama. Fiz alguns passeios, desfrutando a novidade de ter um japonês correndo ao lado dos cavalos o tempo todo. Comi arroz e enguia. Visitei as lojas de curiosidades, uma das quais é uma imitação de uma casa japonesa, e fiquei encantada com a arte requintada de lá.

Em suma, não encontrei nada que não fosse um requintado deleite dos sentidos enquanto estive no Japão.

---

62 *A íngureme escadaria ligava a área reservada aos ocidentais, na parte baixa, aos bairros japoneses de Yokohama.*

CAPÍTULO XVI
Travessia do Pacífico

Era uma manhã brilhante e ensolarada quando deixei Yokohama. Muitos novos amigos me escoltaram até o *Oceanic*. Quando içamos a âncora, os rebocadores sopraram seus apitos em despedida e a banda do Omaha tocou "Home, Sweet Home", "Hail Columbia" e "The Girl I Left Behind Me", em minha homenagem. Agitei meu lenço por tanto tempo depois que eles estavam fora da vista que meus braços doeram por dias. Minha ansiedade em partir novamente para minha corrida ao redor do mundo estava fortemente misturada à pena de ter que deixar amigos tão encantadores e uma terra tão adorável.

Tudo prometia uma viagem agradável e rápida. Antecipando isso, o engenheiro chefe Allen mandou escrever na sala de máquinas um versinho com data:

É por Nellie Bly,
Que o navio vai.
20 de janeiro de 1890.[63]

---

63 *"For Nellie Bly, we'll win or die"*.

Esse era o lema, e tudo era para mim muito doce. A viagem foi maravilhosa até o terceiro dia, quando uma tempestade caiu sobre nós. Eles tentaram me animar, dizendo que só duraria aquele dia, mas no dia seguinte piorou, e continuou, nunca se dissipando um só momento: ventos e ondas de proa, ondas selvagens, sacudidas assustadoras. Em consequência, a cada dia eu esperava com receio as doze horas, quando iria escapar para a sala de jantar para ver em que ponto estávamos na corrida, na esperança de que tivesse ganhado algumas milhas no dia anterior... e sempre me decepcionava. E todos foram tão bons comigo! Deus os abençoe! É possível que eles tenham sofrido mais com a perspectiva do meu fracasso do que eu mesma.

— Se eu fracassar, nunca mais voltarei a Nova York — dizia, desanimada. — Prefiro estar morta e bem-sucedida do que viva e atrasada.

— Não fale assim, minha jovem — o chefe Allen implorava —, eu faria qualquer coisa em meu poder por você. Forcei os motores como nunca; praguejei contra essa tempestade até não ter palavras; eu até rezei, e há anos eu não rezava, para que esta tempestade passasse e que pudéssemos levá-la a tempo.

— Eu sei que não sou uma pecadora — ri histericamente. — Dia e noite meu apelo tem sido: "Tenha misericórdia dessa pecadora", e como a misericórdia não veio, a conclusão natural é que não sou uma pecadora. Já não tenho esperanças, é inútil!

— Não pense assim — implorava o comissário —, não fique tão desanimada... Ora, minha jovem, se pulando ao mar eu pudesse lhe trazer felicidade e sucesso, então eu o faria imediatamente.

— Não se preocupe, menina, você vai ficar bem — ria o capitão alegre e de bom coração. — Aposto cada centavo que tenho no banco que você vai conseguir antes do prazo. Eu dou minha palavra, estará em Nova York pelo menos três dias adiantada.
— Por que está tentando me enganar? Sabe muito bem que estamos muito atrasados — insisti, desejando no fundo ser enganada e voltar a ter esperanças, ao que o doutor respondia, secamente:
— Escute aqui, Nellie Bly, se você não parar de falar assim vou passar umas pílulas para seu fígado.
— Por "assim" você quer dizer "desesperada", não é? Eu não posso evitar ficar triste. É o vento na proa, são os ventos contrários, é essa velocidade baixa... não é o meu fígado que está mal!
Então eu ri, e eles também. O sr. Allen, que vinha implorando para que eu sorrisse apenas uma vez e lhes desse um vislumbre do meu velho e alegre sorriso, iria embora satisfeito. Esse é só um exemplo de como eu era persuadida a sair da infelicidade todos os dias por aqueles homens de grande coração, fortes e ternos.
Por fim, começou a circular um boato de que havia um Jonas a bordo do navio. Depois de muito ponderar, para minha consternação, disseram-me que os marinheiros achavam que os macacos eram Jonas.[64] Macacos traziam mau tempo aos navios e, enquanto o macaco estivesse a bordo, teríamos tempestades. Alguém perguntou se eu

---

64 *O personagem bíblico Jonas foi atirado ao mar para apaziguar a ira de Jeová, que lançara uma tempestade sobre o barco em que ele estava.*

consentiria que o macaco fosse lançado ao mar. Seguiu-se uma pequena luta entre a superstição e um sentimento de justiça pelo macaco. Quando tratei do assunto com o chefe Allen, ele me disse para não aceitar. Segundo seu relato, o macaco tinha acabado de engolir um quilo de cimento e beber óleo de lamparina, e que não seria ele a interferir na felicidade e na digestão do macaco! Nesse momento, alguém me disse que os pastores eram Jonas; eles sempre traziam mau tempo aos navios. Tínhamos dois pastores a bordo! Então eu disse baixinho, se os pastores fossem jogados ao mar, eu deixaria que jogassem o macaco também. Assim, foi salva a vida do macaco.

O sr. Allen tinha um rapaz, Walter, que era cheio de truques. Um dia, Walter disse que iria mostrar que podia erguer uma garrafa simplesmente colocando a mão espalmada em sua lateral. Ele colocou todos para fora da cabine, pois disse que se permanecessem iriam interferir em seus poderes. Eles o observaram atentamente pela porta aberta enquanto ele arregaçava a manga e esfregava o braço para baixo, com bastante vigor, como se tentasse colocar todo o sangue na mão. Pegando o pulso com a outra mão, como se para estancar todo o sangue ali, colocou a mão espalmada ao lado da garrafa e, para espanto do público, a garrafa subiu com sua mão. Quando instado a dizer como fazer o truque maravilhoso, disse:

— É tudo muito fácil, só precisa esfregar o braço, mas é só para distrair. Então você segura o pulso como se quisesse manter todo o sangue na mão, mas mantém um dedo livre (ninguém percebe isso) e você pega o gargalo da garrafa entre a mão e o dedo, e a garrafa sobe com a mão. Vê?

Uma noite, quando o navio balançava assustadoramente, todos estavam reunidos no refeitório e um inglês exortou Walter a fazer alguns truques, mas o rapaz não queria ser incomodado, então disse:

— Sim, senhor; daqui a pouco, senhor — e continuou a colocar as coisas sobre a mesa.

Ele havia largado o pote de mostarda, o saleiro e várias coisas, e estava limpando um prato. Quando foi baixar o prato, o navio deu um grande solavanco, o prato bateu no pote de mostarda e a mostarda voou para cima do inglês, para horror dos outros passageiros. Sentando-se lívido, a mostarda espalhada da cabeça aos joelhos, ele disse severamente:

— Walter! O que foi isso?

— Isso, senhor, foi o primeiro truque — Walter respondeu baixinho, e deslizou silenciosa e rapidamente para a cozinha.

Mas Walter foi pego um dia. Um marinheiro disse-lhe que poderia esconder um ovo nele para que ninguém pudesse encontrá-lo. Walter tinha suas dúvidas, mas de boa vontade deu uma chance ao marinheiro. O ovo foi escondido e um homem foi chamado para encontrá-lo. Ele revistou Walter por toda parte, sem encontrar o ovo. O marinheiro sugeriu outra tentativa, a qual Walter, agora interessado e firmemente crente na habilidade do marinheiro, consentiu de bom grado. O marinheiro abriu a camisa de Walter e colocou o ovo próximo à pele na região do coração, abotoando cuidadosamente a camisa em seguida. O homem foi chamado, ele foi até Walter e o acertou com um estrondo onde Sullivan acertou Kilrain.[65] Ele encontrou o ovo e Walter também!

---

65 *Referência a uma luta de boxe daquele mesmo ano.*

Os "rapazes" japoneses servem no refeitório do Oceanic, mas os marinheiros são chineses. Eles cantam ao içar as velas, parece que dizem: "A-O-E-O! A-O-E-A-O!". Já os "rapazes" sacodem as toalhas de mesa em um prato. Colocam um prato na toalha que dois deles sacodem uma ou duas vezes e depois deslizam o prato até o chão. Assim o prato recolhe todas as migalhas.

Um chinês e um japonês viajavam de primeira classe. O chinês ficou confinado à cabine com enjoo o tempo todo, por isso o vimos muito pouco. O japonês usava trajes europeus e se empenhava em imitar os modos dos europeus. Evidentemente, ele achava que era um costume usar palitos de dente, e até que é, mas só para algumas pessoas. Depois de cada refeição ele usava um palito para que toda a mesa pudesse ver, como se quisesse mostrar que ele era "civilizado"! Então, depois de muita comida, ele sempre colocava o palito de dentes atrás da orelha, à maneira de uma caneta, onde ficava até a próxima refeição.

Mas mesmo vencendo poucas milhas por dia, nossa viagem estava chegando ao fim. Uma noite, foi anunciado que no dia seguinte estaríamos em São Francisco. Senti uma excitação febril, e muitas foram as especulações sobre se haveria um bloqueio de neve para atrapalhar minha viagem cruzando o continente. Uma esperança que não me acometia há dias voltou, quando entrou apressado o comissário, com o rosto branco como a neve, chorando:

— Meu Deus, o atestado de saúde ficou lá atrás, em Yokohama!

— Bem, bem, o que isso significa? — exigi, temendo algum infortúnio, não sabendo muito bem o que seria.

— Isso significa — disse ele, desabando sem forças em uma cadeira — que ninguém terá permissão para desembarcar até que o próximo navio chegue do Japão. Isso levará duas semanas.

A ideia de ser detida por duas semanas à vista de São Francisco, quase de Nova York, e o objetivo pelo qual eu vinha lutando e sem ter o poder de resolver era enlouquecedora.

— Eu cortaria minha garganta, porque não suportaria isso — eu disse pausadamente, e isso o incitou a fazer outra busca, o que resultou em encontrar o relatório guardado em segurança na mesa do médico.

Mais tarde, surgiu um boato sobre um caso de varíola a bordo, mas revelou-se apenas boato mesmo, e logo de manhã cedo os fiscais da alfândega subiram trazendo os jornais. Li sobre o bloqueio intransponível de neve que durante uma semana interrompeu todo o tráfego ferroviário, e meu desespero não conheceu limites. Enquanto o Oceanic esperava pelo médico de quarentena, alguns homens vieram em um rebocador para me levar para a terra. Não houve tempo para despedidas. O macaco foi levado comigo no rebocador e minha bagagem, que havia aumentado com presentes de amigos, foi jogada depois de mim. No momento em que o rebocador ligou os motores, o médico da quarentena avisou que havia esquecido de examinar minha língua, e eu não poderia ir para o porto até que ele o fizesse. Eu a pus para fora, ele gritou "tudo bem"; os outros riram, eu acenei e em minutos me separei de meus bons amigos no Oceanic.

CAPÍTULO XVII
Cruzando o continente

Só me lembro de minha viagem pelo continente como uma labirinto de saudações felizes, votos de felicidades, telegramas de felicitações, frutas, flores, gritos de alegria, "hurras!", rápidos apertos de mão e um lindo vagão cheio de flores perfumadas acoplado a um motor veloz rasgando como um louco o vale pontilhado de flores e montanhas com picos nevados, sempre adiante! Foi glorioso! Um cortejo digno de uma rainha. Dizem que nenhum homem ou mulher nos Estados Unidos recebera aplausos como os que me foram dados durante minha viagem célere pelo continente. Os americanos vieram para homenagear uma garota americana, a primeira a fazer um registro de uma viagem ao redor do mundo, e eu me alegrei com eles por ter sido uma garota americana. Parecia que meu sucesso era o interesse pessoal de cada um que me cumprimentava. Foram todos tão gentis e ansiosos para que eu terminasse a viagem a tempo, como se sua reputação pessoal estivesse em jogo. O trem especial estava esperando minha chegada, pronto para partir no momento em que embarcasse. O diretor do porto de São Francisco, o inspetor da alfândega, o oficial de quarentena e o superintendente dos vapores O. & O. ficaram acordados a noite toda organizando os preparativos para minha chegada, portanto, não haveria atrasos na transferência do *Oceanic* para o trem especial. Nem foram eles os únicos a esperar por mim. Uma pobre jornalista não viu a cama naquela noite, tão ansiosa estava por uma entrevista que não conseguiu. Tanto ignorava o que seria feito comigo no desembarque, que me senti como hóspede de alguém até estar a muitos quilômetros de São Francisco. Se eu soubesse com antecedência que o trem especial era só para mim, eu teria convidado todos os jornalistas, homens e mulheres, interessados.

Meu trem consistia em um belo vagão-leito, o San Lorenzo, e a locomotiva, The Queen, era uma das mais rápidas do Pacífico.

— A que horas quer chegar a Nova York, senhorita Bly? — o sr. Bissell, agente geral de passageiros do sistema Atlântico e Pacífico, me perguntou.

— Antes de sábado à noite — eu disse, jamais pensando que eles poderiam conseguir isso.

— Muito bem, vamos fazer com que chegue no horário — disse ele tranquilamente, e fiquei satisfeita de que iria cumprir sua palavra.

Não pareceu muito tempo depois de deixarmos Oakland Mole até chegarmos ao grande vale de San Joaquin, uma planície verde onde a ferrovia correu uns quinhentos quilômetros em uma linha tão reta quanto um raio de sol. O leito da estrada era tão perfeito que, embora estivéssemos viajando a dois quilômetros por minuto, o vagão era tão agradável que parecia estar percorrendo uma base de veludo.

Em Merced, nossa segunda parada, vi uma grande multidão vestida com suas melhores roupas de domingo reunidas ao redor da estação. Supus que elas estivessem fazendo um piquenique e fiz esse tipo de observação, para ouvir em resposta que as pessoas tinham vindo me ver. Espantada com a informação e atendendo aos que chamavam por mim, saí para a plataforma traseira. Uma forte ovação, que quase me matou de susto, saudou minha aparição e a banda começou a tocar "By Nellie's Blue Eyes". Uma grande bandeja com frutas, doces e nozes, oferecida por um amável menino jornaleiro, foi passada para mim, pelo que fiquei mais grata do que se tivesse sido um presente de um rei.

Retomamos a viagem e nós três no trem não tínhamos nada a fazer a não ser admirar a bela região por onde passávamos tão velozes quanto as nuvens no céu, ler ou contar postes telegráficos, ou mimar e acariciar o maca-co. Senti pouca inclinação para fazer qualquer coisa que não fosse sentar-me quieta e descansar, física e mentalmente. Não havia mais nada para fazer agora. Não podia apressar nada, não podia mudar nada; só pude sentar e esperar até que o trem me deixasse no final da viagem. Tanto desfrutava o movimento rápido do trem que tive medo de pensar no fim. Em Fresno, a estação seguinte, a cidade toda apareceu para me homenagear, e eu fui a feliz destinatária de deliciosas frutas, bem como de vinhos e flores, todos produtos do Condado de Fresno, na Califórnia.

Os homens que falaram comigo estavam interessados em meu nariz queimado de sol, nos atrasos que experimentei, nos quilômetros que percorri. As mulheres queriam examinar meu único vestido, com o qual eu havia viajado, a capa e o boné que eu usava, estavam ansiosas para saber o que havia na bolsa e tudo sobre o macaco.

Durante o primeiro dia de viagem, ouvi o apito soprar loucamente, e então senti que o trem havia se chocado com alguma coisa. Os freios foram acionados e saímos para ver o que havia acontecido. Estava chovendo granizo naquele momento e vimos dois homens subindo a linha. O condutor voltou para nos dizer que havíamos batido em um carro de mão e apontava para um pedaço de ferro retorcido e um pedaço de tábua lascada — tudo o que restara dele — ao lado. Quando os homens surgiram, um deles comentou, com uma expressão mesclada de admiração e raiva no rosto:

— Bem, você está correndo como o diabo!

— Obrigada, fico feliz em ouvir isso — eu disse, e todos nós rimos.

Perguntei se tinham se machucado, eles me garantiram que não, e o bom humor foi restaurado ao redor. Despedimo-nos, o engenheiro puxou a alavanca e partimos novamente. Em uma estação onde paramos, havia uma grande quantidade de pessoas e, quando apareci na plataforma, um grito se elevou do meio delas. Havia um homem à margem que gritou:

— Nellie Bly, preciso chegar perto de você!

As pessoas evidentemente sentiram tanta curiosidade quanto eu sobre as intenções do homem, pois abriram caminho, e ele subiu à plataforma.

— Nellie Bly, você precisa tocar minha mão — disse, entusiasmado.

Qualquer coisa para satisfazer o homem... Estendi a mão e toquei na mão dele, que gritou:

— Agora você terá sucesso. Tenho na mão a pata traseira esquerda de um coelho!

Bem, não sei nada sobre a pata traseira esquerda de um coelho, mas quando soube que meu trem havia atravessado com segurança uma ponte que era mantida no lugar apenas por macacos mecânicos, e que caiu assim que a cruzamos; e depois, em outro lugar, que a locomotiva acabara de desatracar de nós quando perdeu uma roda, pensei na pata traseira esquerda de um coelho e me perguntei se havia alguma coisa nela.

Em outro lugar, onde mais uma multidão me cumprimentava, um homem que estava na ponta gritou:

— Você montou em um elefante, Nellie?

Quando eu disse que não, ele baixou a cabeça desapontado e foi embora. Depois, em outra região, os policiais lutaram para manter a multidão afastada; todos queriam apertar minha mão, mas finalmente um policial foi empurrado para o lado, e o outro, vendo o destino de seu camarada, voltou-se para mim, dizendo:

— Acho que vou desistir do meu dever e apertar sua mão.

Na tentativa de me cumprimentar ele e sua mão foram varridos pela multidão.

Inclinei-me sobre a plataforma e cumprimentei com ambas as mãos em cada estação, e quando o trem partia, mais pessoas corriam atrás, agarrando minhas mãos pelo tempo que pudessem. Meus braços doeram por quase um mês depois, mas não me importei se com esses pequenos atos eu pudesse dar prazer a minha gente, tão feliz que estava por estar de novo entre eles.

— Venha para cá e nós a elegeremos governadora — disse um homem do Kansas, e bem que eles poderiam fazer isso, avaliando pelas esplêndidas acolhidas que me deram.

Telegramas dirigidos apenas a "Nellie Bly, no trem da Nellie Bly", vinham de todas as partes do país cheios de palavras de alegria e elogios a qualquer hora do dia e da noite. Não teria como dizer que lugar foi mais gentil que o outro. Mais de 10 mil pessoas me receberam em Topeka. O prefeito de Dodge City apresentou-me, em nome dos cidadãos, moções laudatórias. Estava muito ansiosa para ir a Kansas City, mas só fomos até a vizinhança da estação, para não atrasarmos meia hora. Em Hutchinson, uma multidão e a Ringgold Cornet Band me cumprimentaram; e em outro lugar, o prefeito me garantiu que a banda estava lá reunida, mas que se esqueceu de tocar. Eles simplesmente ficaram gritando como os demais, esquecendo-se, na empolgação, de apresentar sua música.

Fiquei acordada até as quatro da manhã, conversando primeiro com uma pequena jornalista de Kearney, Nebraska, que havia viajado 1.500 quilômetros para me encontrar e entrevistar, e depois ditando um relato da viagem a uma estenógrafa que estava enjoada do movimento do trem. Eu mal tinha dormido umas duas horas quando o agente me chamou, dizendo que logo estaríamos em Chicago. Vesti-me bem devagar e bebi a última gota de café que sobrou em nosso trem, pois havíamos atendido generosamente todos que desejassem viajar alguns quilômetros conosco. Fiquei surpresa, ao abrir a porta da cabine e ver o vagão lotado de homens elegantes. Eram jornalistas, membros do Clube de Imprensa de Chicago, como logo descobri, que tinham vindo a Joliet para me encontrar e me acompanhar até sua cidade. O sr. Cornelius Gardener, vice-presidente do clube, na ausência do presidente, assumiu o comando da nossa pequena comitiva. Antes de chegarmos à cidade, eu havia respondido a todas as perguntas, e nós brincamos sobre meu nariz queimado de sol, discutimos os méritos de meu único vestido e a inteligência do macaco. Eu estava me sentindo feliz e em casa, desejando permanecer o dia todo em Chicago.

Carruagens nos aguardavam para nos levar às salas do Clube de Imprensa. Fui em um cupê com o vice-presidente Gardener, que disse, em uma narrativa publicada posteriormente sobre minha visita, que ele estava fortemente tentado a me roubar para si, uma ideia inteligente que me divertiu tanto que pensei em fazer o contrário, para confusão das pessoas que aguardavam por mim em Nova York. Nos belos salões do Clube de Imprensa, encontrei o presidente, Stanley Waterloo, e um grupo de jornalistas inteligentes. Eu não era esperada em Chicago antes do meio-dia, e o clube havia providenciado uma recepção informal, mas quando foram notificados da minha viagem mais veloz e, consequentemente, de minha chegada mais cedo, era tarde demais para avisar os membros. Após uma recepção deliciosamente informal, fui escoltada ao Kinsley's, onde o clube havia preparado um desjejum. Descobri que, devido a algum mal-entendido, nenhum dos homens comera nada desde a noite anterior. Depois do desjejum, os membros do clube, fazendo o papel de acompanhantes, me levaram para visitar a Bolsa de Valores de Chicago. Quando entramos, o pandemônio que parece reinar durante o horário comercial estava no auge. Meus acompanhantes me levaram para a galeria e, assim que chegamos lá, um homem, quando me viu, ergueu o braço para gritar algo para a multidão que rugia:

— Lá está Nellie Bly!

Em um instante, todos que berravam loucamente ficaram em tal silêncio que se poderia ouvir um alfinete caindo no chão. Todos os rostos, brilhantes e ansiosos, se voltaram para nós; instantaneamente todos os chapéus foram tirados e, em seguida, uma explosão de aplausos ressoou pelo imenso salão. Digam o que quiserem sobre Chicago, mas não acredito que em qualquer outro lugar dos Estados Unidos uma mulher teria recebido uma saudação como recebi na Bolsa de Valores. Os aplausos foram seguidos por vivas e mais vivas e gritos de "Discurso!", mas só tirei meu pequeno boné e balancei a cabeça para eles, o que só serviu para aumentar seus apupos.

Pouco depois, os membros do Clube de Imprensa me acompanharam até a estação da Pensilvânia, onde relutantemente me despedi deles, incapaz de agradecer de todo o coração por terem tratado como rainha uma pequena estranha queimada de sol.

Agora eu me encontrava em um trem comum que parecia se arrastar, tão perceptível era a diferença na velocidade de viagem. Em vez de um belo vagão-dormitório a minha disposição, eu tinha apenas uma cabine-leito, e meu espaço era tão limitado que as ofertas de flores e frutas tiveram de ser deixadas para trás. Em Chicago, recebi um cabograma que não tinha me alcançado em São Francisco, e que me deu muito prazer: "O sr. Verne deseja que a seguinte mensagem seja entregue a Nellie Bly no momento em que ela tocar o solo americano: Sr. e sra. Júlio Verne dirigem suas sinceras felicitações a srta. Nellie Bly no momento em que aquela intrépida jovem puser os pés no solo da América".

O trem estava mal equipado e era necessário descer para as refeições. Quando paramos em Logansport para jantar, eu, sendo a última a entrar no vagão, fui a última a descer. Quando cheguei à plataforma, um jovem que nunca tinha visto antes saltou sobre a outra plataforma e, agitando o chapéu, gritou:

— Hurrah para Nellie Bly!

A multidão bateu palmas e aplaudiu e, depois de abrir caminho para que eu passasse para a sala de jantar, avançou e aplaudiu novamente, aglomerando-se nas janelas finalmente para me ver comer. Quando me sentei, vários pratos foram colocados diante de mim com a inscrição: "Sucesso, Nellie Bly".

Já estava escuro quando alcançamos Columbus, onde a junção estava cheia de homens e mulheres esperando por mim. Uma delegação dos ferroviários aguardou minha chegada e me presenteou com lindas flores e doces, assim como fizeram muitos civis. Não fui para a cama até que tivéssemos passado por Pittsburgh, e apenas levantei na manhã seguinte a tempo de agradecer às milhares de boas pessoas que me esperavam em Harrisburg, onde o Clube de Ciclismo local me ofereceu um buquê em lembrança de eu ser uma ciclista.[66] Um grupo de jornalistas da Filadélfia

---

66 *Nellie era uma entusiasta do ciclismo, principalmente porque a sociedade machista discriminava as mulheres de bicicleta. Em 1896, Nellie entrevistou a feminista Susan B. Anthony, que declarou: "acho que a bicicleta fez mais para emancipar as mulheres do que qualquer outra coisa no mundo. [A bicicleta] dá à mulher uma sensação de liberdade e de autoconfiança. Apoio e sempre me alegro quando vejo uma mulher de bicicleta [...] é o retrato de uma feminilidade livre e desreprimida". O mesmo jornal que publicou a entrevista de Susan para Nellie, havia, no entanto, publicado no ano anterior um "guia de etiqueta ciclista para mulheres" que listava pérolas como: "não desmaie na estrada", "não pedale à noite sem a escolta de um homem", "não ignore as regras de trânsito só por ser uma mulher" e "não fale gíria, isso é coisa de meninos".*

juntou-se a mim lá, e em Lancaster recebi uma entusiasmada recepção.

Quase antes de me dar conta, já estava na Filadélfia, e mais cedo do que eu queria, pois minha viagem foi tão agradável que temia terminá-la. Vários jornalistas e alguns amigos se juntaram a mim na Filadélfia para me escoltarem até Nova York. Fazer discursos foi a regra da Filadélfia até Jersey City. Disseram-me, quando estávamos quase em casa, para pular em direção à plataforma no momento em que o trem parasse em Jersey City, pois seria aí marcado meu tempo ao redor do mundo. A estação estava lotada e, no momento em que pousei na plataforma, um grito saiu da multidão, e os canhões de Battery e Fort Greene anunciaram minha chegada. Tirei o boné e quis gritar, não porque tivesse dado a volta ao mundo em 72 dias, mas porque estava em casa novamente.

CAPÍTULO XVIII
O recorde

Parti de Hoboken para uma viagem ao redor do mundo, em 14 de novembro de 1889. Terminei em Jersey City, em 25 de janeiro de 1890. O itinerário previsto, publicado no dia da partida, é o que se encontra na coluna da esquerda da tabela a seguir, mas o que eu realmente percorri está do lado direito.

14 de Novembro Partida de Nova York no Augusta Victoria	**14 de Novembro** Partida de Nova York no Augusta Victoria
21 de Novembro De Southampton a Londres de trem em três horas.	
22 de Novembro Partida da estação Victoria, no Trem Postal da Índia	**22 de Novembro** Londres, às 2h30 Partida de Londres, estação Charing Cross, 10h
23 de Novembro Calais, Paris e Turim	**23 de Novembro** Partida de Calais, 1h30
24 de Novembro Brindisi às 20h14	

25 de Novembro Partida no vapor Cathay, 9h	**25 de Novembro** Brindisi, 1h30. Partida no vapor Victoria, 3h
27 de Novembro Ismaília	**27 de Novembro** Porto Saíde, 15h30
	28 de Novembro Ismaília, 11h e Suez, 21h
3 de Dezembro Áden	**3 de Dezembro** Áden, 11h
10 de Dezembro Colombo	**8 de Dezembro** Colombo, 11h
16 de Dezembro Penang	**16 de Dezembro** Penang, 7h
18 de Dezembro Singapura	**18 de Dezembro** Singapura, 5h
25 de Dezembro Hong Kong	**25 de Dezembro** Hong Kong, 7h
28 de Dezembro Partida para Yokohama	**28 de Dezembro** Partida para Yokohama, 14h30
7 de Janeiro Partida de Yokohama no vapor Pacific Mail	**7 de Janeiro** Partida de Yokohama no Ocidental & Oriental, 10h55
22 de Janeiro São Francisco	**21 de Janeiro** São Francisco, 8h
	23 de Janeiro Chicago, 7h05
27 de Janeiro Nova York	**25 de Janeiro** Nova York, 15h51
14 de Novembro a 27 de Janeiro *75 dias*	**14 de Novembro a 25 de Janeiro** *72 dias*

Tempo total ocupado no percurso
1.734 horas e 11 minutos; ou 72 dias, 6 horas e 11 minutos.
Velocidade média, considerando paradas
36,16 km/h.
Velocidade média, excluindo paradas
45,06 km/h.

Os nomes dos vapores e das diferentes rotas com as quais viajei são: o Augusta Victoria, de Hamburg American Steamship Line, a Londres e South Western Railway, a South Eastern Railway, o India Mail, o Victoria e o Oriental da Linha de Navios a Vapor Peninsular e Oriental, o Oceanic, da Linha de Navios a Vapor Ocidental & Oriental, a Ferrovia do Pacífico Sul, a Ferrovia do Atlântico e Pacífico, a Ferrovia Atchison, Topeka e Santa Fé e a Ferrovia da Pensilvânia.

Passei 56 dias, 12 horas e 41 minutos me deslocando de fato; e perdi, por atraso, 15 dias, 17 horas e 30 minutos.

A segunda tabela mostra a distância em quilômetros percorrida, as horas gastas em viagens e as horas atrasadas. A "hora atrasada" marcada por asterisco mostra o tempo envolvido no desvio de meu itinerário planejado para visitar o sr. e a sra. Júlio Verne, em Amiens. Viajei 288 quilômetros fora do meu roteiro para visitar o grande romancista, o que não foi contabilizado na quantidade de quilômetros percorridos, tampouco conto os quilômetros nos passeios que fiz nos portos por onde passei, que na soma não chegariam a uns 2.500 quilômetros.

🚢 de Hoboken até Southampton	4.894	184h50	50
🚂 de Southampton até Londres	145	2h15	14h25
🚂 de Londres até Brindisi	2.334	53h30	1h30
🚢 de Brindisi até Porto Saíde	1.497	62h30	3h30
🚢 de Porto Saíde até Áden	2.243	110	6
🚢 de Áden até Colombo	3.368	138	98h05
🚢 de Colombo até Penang	2.057	89h55	7
🚢 de Penang até Singapura	613	39	11
🚢 de Singapura até Hong Kong	2.313	111	127h20
🚢 de Hong Kong até Yokohama	2.570	131h40	104h55
🚢 de Yokohama até São Francisco	7.282	333h05	0
🚂 de São Francisco até Chicago	415	71h05	2h55
🚂 de Chicago até Nova Jersey	1.530	29h51	
TOTAIS	31.261	1.356h41	377h30

Atualizada, minha viagem detém o recorde de mais rápida entre São Francisco e Chicago —uma corrida de 402 km em 250 minutos, e isso contando os minutos perdidos parando em meia dúzia de cidades diferentes. Outra corrida foi de 95 km em 50 minutos. Entre Topeka e Kansas City, corremos 21 km em 11 minutos.

Mais tarde, percorremos 3 km em um minuto e novamente 42 km em 23 minutos. Foram 4,13 km em 69 horas, que é o tempo mais rápido, segundo fui informada, que já foi feito para esse trajeto. Embora a rota Santa Fé tenha mais de 805 km, mais longa do que a Union Pacific, ultrapassamos em dez horas o tempo do correio mais rápido para Chicago. Se tivéssemos percorrido a mesma distância, ela seria superada em 24 horas. Santa Fé teve apenas um dia para se preparar para minha viagem, e mesmo assim foi tudo perfeito. Disseram que quando a viagem Palmer-Jarrett "através do continente" foi feita,[67] eles se prepararam com seis meses de antecedência, e dada a largada, postaram um homem com uma bandeira em cada junção e entroncamento entre Nova York e São Francisco, no entanto foi sem qualquer preparação que meu trem percorreu 805 km a mais em menos 24 horas.

Não é possível citar minhas passagens e despesas como referência para os possíveis turistas, pois estava viajando por conta de um jornal, e o que isso lhes custou é segredo deles. Sem contar com a viagem de trem fora de linha que tomei, passagens de primeira classe, partindo de e

---

67 *A primeira viagem de trem atravessando os Estados Unidos, de Jersey City a Oakland, havia acontecido há apenas 23 anos, organizada pelos agentes teatrais Palmer e Jarret.*

chegando em Nova York, custariam apenas 805 dólares. Estimo que as outras despesas não devem ter excedido trezentos dólares.

Em minha viagem, atravessei as seguintes águas: Rio Norte, Baía de Nova York, Oceano Atlântico, Canal da Mancha, Mar Adriático, Mar Jônico, Mar Mediterrâneo, Canal de Suez, Golfo de Suez, Mar Vermelho, Estreito de Bab el Mandeb, Golfo de Áden, Mar da Arábia, Oceano Índico, Estreito de Malaca, Mar da China, Oceano Pacífico e Baía de São Francisco.

Visitei ou passei pelos seguintes países: Inglaterra, França, Itália, Egito, Japão e Estados Unidos; e as seguintes possessões britânicas: Áden, na Arábia; Colombo, Ilha do Ceilão; Penang, Ilha do Príncipe de Gales; Singapura, Península Malaia; e a Ilha de Hong Kong.[68]

---

68 *As então possessões britânicas formam hoje os respectivos países: Iêmen (antigo protetorado do Sul da Arábia); Sri Lanka (Ceilão Britânico); Malásia (antigos Estabelecimentos Britânicos do Estreito); Singapura (outro dos antigos Estabelecimentos do Estreito) e China (Hong Kong tem o status de "Região Administrativa Especial").*

CONCLUSÃO

Estou em dívida com tantas pessoas neste mundo pela sua gentileza que não posso, em um pequeno livro como este, agradecer a todas individualmente. Elas formam uma corrente ao redor da terra. A cada um de vocês, homens, mulheres e crianças, em minha terra e nas terras que visitei, sou muito grata. Todo ato e pensamento amáveis, senão um desejo não expresso, um incentivo, uma flor minúscula, estão gravados em minha memória como um dos agradáveis momentos dessa minha viagem.

Para você e para todos os que leem a crônica dessa viagem, peço indulgência. Estas páginas foram escritas nas horas vagas, arrancadas das cobranças de uma vida agitada.

O MUNDO NO QUAL NELLIE BLY DEU A VOLTA

Trinta horas. É quanto levaria hoje uma viagem em torno do mundo: de Nova York a Hong Kong, viajando para leste são 14 horas, de Hong Kong a Nova York por sobre o Pacífico, outras 15 horas — e por conta do fuso horário, vai parecer que você desceu em Nova York... seis horas depois de ter partido!

Nem sempre o mundo foi tão pequeno. Dar a volta nele parecia coisa de ficção há 150 anos, quando Júlio Verne escreveu o clássico *A volta ao mundo em 80 dias*. O que parecia fantástico então não eram apenas as enormes distâncias físicas que, mesmo na corrida desenfreada do personagem Phileas Fogg, levariam quase três meses para serem vencidas. Havia também as distâncias culturais: o mundo era ainda mais dividido, povos ainda estavam razoavelmente isolados, antes das transformações tecnológicas e políticas do século 19 que dispararam o processo de "globalização", isto é, o de integrar os países em um grande mercado interconectado e interdependente.

A viagem de Nellie, meros 16 anos depois da viagem literária de Julio Verne, foi movida a vapor: isto é, eram motores a vapor que impulsionavam as locomotivas e os navios. Essa tecnologia, aprimorada 100 anos antes de Nellie, havia disparado a Revolução Industrial: a produção automática e barata de mercadorias, o que levou ao rápido crescimento econômico, inicialmente da Inglaterra, França e Estados Unidos. Com o capital acumulado com a Revolução Industrial e empregando as novas tecnologias na estrutura de transporte, bem como na produção de armas, os países industrializados partiram para "conquistar o mercado". Literalmente. E à força. Foi dada a partida para uma nova corrida colonial, na qual os Estados Unidos, alguns países europeus e até o Japão correram para fatiar o mundo — África, Oriente Médio, Sudeste Asiático e Oceania — em colônias, protetorados e áreas de influências.

Esse momento histórico fica evidente quando acompanhamos Nellie dar a volta ao mundo e, para todos os efeitos, permanecer quase sempre no mesmo país, ou melhor, no "Império onde o sol nunca se põe". Em fins do século 19, estavam sob controle britânico, de uma forma ou de outra, quase todos os portos pelos quais Nellie passou.

Outra viagem que Nellie nos proporciona é pela evolução social. Não apenas pelas diferentes formas de sociedade, nas repúblicas, reinos e impérios por onde passa, mas pelo jeito como os "não-brancos" são tratados pelos europeus ou como algumas classes são desprovidas em alguns países, como os carregadores de liteiras na China imperial, equiparados a animais de carga. Também fica claro como os direitos das mulheres percorreram um longo caminho daqueles dias até hoje. A própria Nellie, sempre independente e confiante, teve se subjugar em ocasiões, por exemplo, em que as mulheres tinham que se recolher às manhãs e à noite no navio, para que os homens tivessem o convés do navio para seu bel prazer; ou quando lhe impunham um "acompanhante" nas suas visitas pelo porto em que atracava, já que era inadmissível que uma mulher sozinha passeasse por conta própria. Nellie Bly, por sinal, foi uma desbravadora dos direitos das mulheres ao trabalho, e teve que lutar para se impor no jornalismo, quando sempre lhe diziam que as redações "não eram lugar para mulheres".

Para uma viagem ainda mais proveitosa, e sem pressa de quebrar novos recordes, segue um guia, histórico e cultural, de cada porto em que Nellie embarcou no mundo em que ela deu a volta.

Nova York e São Francisco

Os Estados Unidos viviam o esplendor de sua "Época de Ouro". Em 1865, haviam encerrado sua Guerra Civil fratricida e o Norte, industrial e urbano, havia vencido sobre o Sul, rural e escravocrata. Isso permitiu um rápido crescimento econômico, que atraiu multidões de imigrantes para os centros urbanos, o que por sua vez contribuiu para o avanço de alguns direitos civis, mas lá as mulheres só puderam exercer o direito do voto em 1920 (e as pessoas negras só tiveram seus direitos civis universalizados quarenta anos depois).

Southampton e Londres

O Reino Unido, sob o comando da Rainha Victoria, vivia seu apogeu. O crescimento econômico propulsionado pela Revolução Industrial financiou a formação do mais vasto império do globo, do Canadá à Nova Zelândia, cortando a África "do Cabo ao Cairo" e se banqueteando com os despojos Império Otomano, além de uma miríade de ilhas no Caribe, no Atlântico, Índico e Pacífico. Ao império territorial acrescentava-se o econômico, controlando países como Portugal e Brasil. A opulência pouco refletiu nos avanços dos direitos humanos, com a voraz industrialização massacrando as classes mais pobres, incluindo crianças. Sob o rigor da moral vitoriana, voltada para a formação de famílias de consumidores, podia-se prender uma pessoa (como o dramaturgo Oscar Wilde) pelo "crime" de ser homossexual (o que perdurou até 1967!). À época foram gestados "argumentos" convenientes para o colonialismo, como a "desigualdade das raças" e o mito do "Fardo do homem branco", isto é, a obrigação moral do europeu de "civilizar" africanos e asiáticos. Mesmo sob uma o governo de uma rainha, as mulheres inglesas não tinham o direito a voto e nem o de manter a guarda dos filhos em casos de divórcio. Só às mais pobres era dado acesso ao trabalho, isso é, a serem exploradas na indústria têxtil.

Brindisi

Em 1889, a Itália, como país, tinha se formado há menos de 20 anos. Roma — a última peça do quebra-cabeças da península italiana, dividida em muitos reinos e ducados — havia se integrado ao recém-formado Reino da Itália apenas em 1870. Brindisi, aonde Nellie vai tomar seu navio para o Oriente, fazia parte do sul empobrecido, o *Mezzogiorno*, que ficara para trás economicamente e que, superpovoado, enviava multidões de imigrantes para o Novo Mundo (incluindo o Brasil). Assim como a Alemanha, outro país recém formado, a Itália correu para compensar o atraso no desenvolvimento industrial em relação ao Reino Unido, França e Estados Unidos, bem como no avanço social em um país que estava até então literalmente subjugado ao Vaticano e à moral católica. Mesmo que as mulheres, como a brasileira Anita Garibaldi, tivessem contribuído nas lutas da formação da Itália, elas só puderam frequentar as universidades a partir de 1876 e só foram aceitas como testemunhas em processos legais no ano seguinte.

Porto Saíde

Em 1889, o Egito estava sob a "proteção" britânica: era mais um naco do imenso e decadente império Otomano que caía sob o controle dos europeus. Era lá que ficava o ponto mais estratégico do comércio do planeta: o canal de Suez, ligando o Mediterrâneo ao Mar Vermelho, o Ocidente ao Oriente. O Reino Unido havia tentando impedir sua construção pelos franceses, 20 anos antes, já que tinha domínio sobre as rotas que contornavam a África ou atravessavam a Ásia, mas quando o Egito passou às mãos dos ingleses em 1882, o canal facilitou a colonização da África oriental e do Sudeste Asiático. Porto Saíde e Porto Fuade, como Nellie explica, eram cidades novas, surgidas com os trabalhos de construção do Canal de Suez e habitadas por trabalhadores europeus, africanos e asiáticos. O Egito só se tornaria independente em 1922, mas os britânicos continuaram a exercer, na prática, o comando no país até 1956.

Áden

Por sua posição estratégica na "entrada" do Oceano Índico, Áden foi ocupada pelos portugueses no século 16 e pelos otomanos em seguida. Os britânicos a ocuparam em 1839 e a mantiveram, como colônia ou protetorado, até 1967. Hoje Aden é a capital, provisória, do Iêmen, um país recentemente formado, que sofre uma longa e desesperada guerra civil.

Colombo

"Passaram muito além da Taprobana", diz o verso célebre dos *Lusíadas*, registrando o tempo em que Portugal dominava a ilha, posteriormente conhecida por "Ceilão" e que só passou a se chamar "Sri Lanka" depois da independência completa em 1972 (embora ainda faça parte do Commonwealth britânico). Nellie menciona o Reino de Cândi, a última parte da ilha que conseguiu manter-se relativamente independente dos portugueses e holandeses, até ser absorvida pelos britânicos no resto da colônia do Ceilão. A ilha no entanto ainda sofre pressões grupos étnico-históricos, como os Tamil, que querem a divisão do país.

Penang

O estreito de Malaca é uma passagem marítima espremida entre a Península da Malásia e a ilha de Sumatra (Indonésia). Ele tem menos de 100 quilômetros de comprimento e mede, no ponto mais estreito, apenas 2,5 quilômetros de largura. Como principal corredor entre o Oceano Índico e o Pacífico, sua ocupação é estratégica. Quando Nellie passou por lá o Reino Unido ocupava quatro territórios nos então chamados "Estabelecimentos do Estreito". Eram eles Penang, Malaca (antiga colônia portuguesa) e Dinding (que hoje integram a Malásia) e Singapura, que hoje é um país independente. A Malásia é desde 1957 uma federação monárquica independente, mas sua grande diversidade étnica significa constantes riscos de fragmentação do país.

Hong Kong

A atual "Zona de Administração Especial de Hong Kong", parte da China desde 1999, foi um território obtido pelo Reino Unido entre 1842 e 1860, como espólio das Guerras do Ópio. O governo imperial chinês via com desconfiança (e até desprezo) os ocidentais que vinham comprar seus produtos, como seda, pérolas e porcelana, e os havia limitado ao porto de Cantão (próximo ao de Macau, onde os portugueses haviam estabelecido, 300 anos antes, um entreposto comercial). Como não havia nada que os chineses comprassem em troca do ocidentais, os britânicos tentaram equilibrar o "déficit comercial" produzindo ópio na região onde hoje está Bangladesh e o contrabandeando para a China, onde a população logo ficou viciada. O imperador chinês reagiu e os britânicos o derrotaram em batalhas, exigindo como butim um "porto livre" onde pudesse comprar e vender o que quisessem, e assim foi criada Hong Kong. Esse episódio, a primeira perda de território chinês para uma potência estrangeira, inaugurou o que historiadores locais chamam de "Século da humilhação", um período em que a fragilizada e decadente dinastia Qing não pôde conter a exploração da China — o país que por muito tempo foi o mais rico e poderoso do mundo —por países ocidentais, como Reino Unido, França, Alemanha, bem como pela Rússia e pelo

Japão. Cada um desses países tomou parte do território ou da zona de influência chinesa, como os russos que ficaram com o norte da Manchúria e a França que ocupou a região da Cochinchina. Internamente, a China, já superpovoada, enfrentava secas, carestias e revoltas que resultaram na morte de dezenas de milhões.

Quando visita Cantão, no território chinês, Nellie depara-se com o estado miserável de sujeira e esqualidez, onde a vida humana parece ter perdido o valor, tão cruéis e rotineiras eram as execuções, ou quão indigno eram as ocupações como o dos carregadores de liteira. Isso é reflexo, entre outros, da decadência da antiga e orgulhosa cidade, que havia sido substituída por Hong Kong como o porto comercial com o ocidente. O "Século da Humilhação" só terminaria após da Segunda Guerra Mundial, com turbulenta reorganização social e política da China, que, no começo do século 21, pode voltar à posição que detinha até o século 17, a de principal potência econômica mundial.

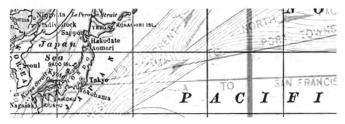

Yokohama

Após passar pelo agônico império chinês, Nellie não esconde sua admiração por um ambiente completamente diferente — "bonito, limpo e agradável" — que encontra no Japão. Assim como a China, o Japão sempre havia se resguardado e desconfiado dos ocidentais que vinham comprar suas riquezas. Após expulsar os portugueses, os primeiros a alcançar o Japão, no século 17, os holandeses foram os únicos autorizados a comercializar, mas restritos a uma ilha artificial à entrada de Nagasaki. Da mesma maneira que na China, a entrada do Japão no comércio mundial foi "forçada" por um país ocidental, mas nesse caso foi menos traumático e o governo central do país soube responder com inteligência. Em 1853, o comandante Perry entrou na baía de Tóquio com sua esquadra para uma exibição do poderio bélico dos Estados Unidos e "solicitou" o estabelecimento das relações diplomáticas. O Japão consentiu e embora não houvesse cessão de território, os norte-americanos ocuparam a região de Yokohama, logo ao sul de Tóquio, onde Nellie Bly desembarcou e começou a listar, assim como fez em Colombo e em Hong Kong, a diferença entre os estabelecimentos dos ocidentais e o dos povos nativos. O que espantou Nellie Bly — a "limpeza" e paz no Japão, em contraste com a sujeira e esqualidez que ela vira na China — é resultado da resposta dos japoneses à abordagem dos ocidentais, muito diferente da dos chineses. Os japoneses — menos auto suficientes e talvez por isso menos orgulhoso que os chineses — trataram de absorver dos ocidentais o que lhes fosse útil em ciência, tecnologia e costumes. Nellie comenta sobre a prática de trazer ocidentais para trabalhar e aprender com eles novos negócios, por exemplo. Essa postura estava alinhada com o que ficou conhecida como "Revolução Meiji" (1868), quando o Imperador retomou o poder que estava na mão dos Shoguns (senhores feudais) e impulsionou a rápida modernização do país, social e economicamente, abrindo as portas para o comércio internacional, bem como para todo tecnologia ou conhecimento que pudesse trazer do exterior. Com isso logo o Japão, que por séculos fora um estado vassalo, cultural ou economicamente, dos chineses, tornou-se uma potência moderna, chegando a tomar à força vastos territórios da própria China, do Sudeste Asiático e Oceania.

A AUTORA

Nellie Bly, pseudônimo de Elizabeth Cochran Seaman, nasceu na Pensilvânia, Estados Unidos, em 1864. Aos seis anos, seu pai faleceu e a numerosa família passou por dificuldades. Nellie teve que trabalhar para ajudar a mãe e assim não conseguiu terminar seus estudos.

Em 1885, após ler o artigo "Para que servem as garotas?", em um jornal local — que defendia que as mulheres não deveriam trabalhar, apenas deveriam continuar tendo filhos e cuidando da casa —, Nellie enviou uma resposta ao assinando como "Órfã solitária". O editor, impressionado com a carta incisiva e muito bem escrita, colocou um anúncio no jornal pedindo que a autora se revelasse. Quando Nellie, que à época tinha 20 anos, se apresentou ao editor, ele lhe ofereceu uma oportunidade de integrar sua equipe de jornalistas.

Para aquele jornal escreveu artigos sobre divórcio e casamento, trabalho das mulheres operárias e outros temas atinentes à mulher, aos direitos humanos e à discriminação — todos temas que "incomodavam" os leitores. Em represália, ficou confinada a escrever artigos sobre moda e sociedade.

Inconformada, mudou-se para Nova York, em 1887. Após sucessivos esforços e sem dinheiro, procurou a redação do jornal *The World*, chefiada pelo famoso editor Joseph Pulitzer, e acabou sendo contratada.

Foi assim que em 1887, aos 23 anos, Bly foi desafiada e aceitou fazer uma investigação para o jornal onde trabalhava. O objetivo era entrar no Asilo de Insanos da Ilha de Blackwell, atual Ilha Roosevelt, e averiguar as denúncias de irregularidades e brutalidades sobre as doentes da instituição.

Mas como ela faria isso? Corajosamente, Nellie simulou a própria insanidade, o que a levou a ser examinada por médicos e peritos, que foram unânimes em declará-la "irremediavelmente louca" e interná-la compulsoriamente. Dentro da instituição, tomou contato com as atrocidades que eram cometidas às pacientes e as condições deploráveis em que viviam, isso tudo com o aval e a negligência de médicos e enfermeiras do local. Aqui, é a realidade que imita a ficção.

No manicômio, Nellie se deu conta de que muitas mulheres saudáveis eram levadas para lá, entre elas imigrantes que não dominavam a língua inglesa e mulheres pobres, além daquelas com transtornos mentais ou as que, por variados motivos, a sociedade ou as famílias desejavam excluir do convívio social. Nellie começou a questionar os diagnósticos médicos e o que definia uma mulher ser sã numa sociedade xenófoba, misógina e que reprimia a sexualidade feminina. Nesse contexto, o asilo fazia as vezes de depósito de pessoas indesejadas.

O artigo — que deu origem ao livro *Dez dias no manicômio*, publicado logo após sua libertação — alcançou enorme sucesso e lançou luz sobre uma série de situações perturbadoras, incluindo condições higiênicas, negligência médica e abuso físico e todos os horrores daquela instituição, com seus mais terríveis tratamentos, provocando uma ampla investigação que fez a cidade de Nova York despender mais recursos para o cuidado dos doentes mentais.

Essa história foi recentemente adaptada para as telas em 2015 (*Dez dias no manicômio*) e 2019 (*Fuga do hospício*).

A jornalista ficou tão conhecida que até mesmo o famoso romancista F. Scott Fitzgerald se inspirou nela para criar a personagem Ella Kaye, uma jornalista durona do seu famoso romance *O grande Gatsby*.

Ela ainda assinou várias outras matérias denunciando situações de desigualdade social, corrupção e até mesmo tráfico de bebês. Viveu também no México, onde denunciou o governo de Porfírio Diaz. E uma de suas mais famosas entrevistadas foi Emma Goldman, anarquista e feminista, que se encontrava presa na época.

Para além da carreira jornalística, Nellie ficou mundialmente famosa como a primeira mulher a cruzar sozinha o mundo em 72 dias, numa tentativa de recriar a viagem fictícia de Júlio Verne, levando apenas uma pequena mala de mão, um único casaco de inverno e a roupa do corpo.

Seu trabalho foi essencialmente de caráter jornalístico, mas também chegou a escrever ficção como o romance policial *O mistério do Central Park*, ainda sem tradução para o português, que gira em torno de dois jovens namorados que descobrem o corpo de uma jovem no Central Park.

Casou-se em 1895 com um industrial, e com a morte do marido, em 1904, assumiu os negócios. Empreendedora, introduziu processos mais modernos e mais eficientes, criando e patenteando produtos para a indústria, e colocou em prática suas reformas sociais na empresa. Ela se preocupava com o bem-estar dos funcionários, mas não com as finanças, que deixava nas mãos dos "homens de confiança". Após diversas fraudes, esses mesmos homens, um deles seu irmão, levaram a empresa à falência. Algum tempo depois de se aposentar do jornalismo, e com dificuldades financeiras, Nellie teve que voltar à atividade e, em 1914, voou para a Áustria e se tornou a primeira mulher correspondente de guerra, atuando na linha de frente na Primeira Guerra Mundial.

Seus relatos, traduzidos mundo afora, deram origem a peças de teatro, filmes e séries. Nellie Bly foi e segue sendo inspiração para muitas jovens.